JN319971

俳句で覚える

中国語
奥の細道

相原 茂

駿河台出版社

はじめに

　はじめてNHKのテレビ中国語会話を担当した時の，一番最初のスキット，それが本書のもとになっている．
　「中国旅遊指南」という題だったが，ともかく日本人が「一番中国語を使う場面」をとりあげた．
　それは一つはビジネスシーンであり，もう一つは中国旅行だ．この二つをかみ合わせてみることにした．そこで2組の登場人物を設定した．
　一つは，商談で中国に行く日本のビジネスパーソン，松尾部長と大空さん（もちろん，松尾芭蕉とその弟子曾良にひっかけてある）．もう1組は中国へ観光にゆく2人の女子大生で，この計4名が交錯し，さまざまな場面が生まれる．
　大筋はそんなわけだが，ともかく最も典型的なシーンを想定し，最もありがちな会話をとりあげた．
　これだけ実用的な参考書は私は初めてである．
　全21課で，各課に俳句（というべきか，川柳というべきか，単なる575というべきか）を配し，21句によって，21の文法事項の核心を解説することにした．
　俳句を添えたことは，大胆な試みであった．私は学生時代からなぜか俳句が好きで，いろいろなルールも575で表現すれば覚えやすいと思っている．日本人には俳句のリズムが頭に入りやすく，口にも上りやすい．
　ビジネス上のやりとりや女子大生の観光旅行が，松尾芭蕉の「奥の細道」という味付けで進行してゆく．そのアンバランスというか，とんちんかんさが，私の「俳句」風の解説と共に，「結構面白いじゃないか」と思っていただければ，著者としては大変うれしい．
　とんちんかんと言えば，例えばホテルにつくと，テレビが故障していたりする．こんなことは発展著しい今の中国ではあり得ないことだが，昔はトイレがつまっただの，お湯が出ないだの，電話がつながらないだの，ホテルの場面というとここぞと苦情フレーズを列挙したものである．それが実用的だったが，今ながめてみると，まさに今昔の感がある．時代錯誤的なところは表現の勉強

だと思って，どうかお許しいただきたい．

　それから本書には発音編がない．その代わりに各課に「発音よければ…」というコーナーを作り，発音のポイントが復習できるようにした．「中国語　発音よければ　半ばよし」というのも，私が言い出した５７５だが，いまやことわざのように有名になってしまった．

　つまり，本書は入門段階を経て，中級にさしかかりつつある学習者を対象にしている．いわば，「さまよえる中級者」向けである．従って，初心者でも知っているような単語はあえて語釈をつけていない．

　添付のCDには本文と，「添削スキット」それに「旅の道連れフレーズ170」が吹き込んである．何度も繰り返し聞いて暗唱できるほどに親しんでほしい．非常に実用性が高い中国語であり，「さまよえる中級者」を卒業するきっかけになると思う．

　最後になるが，本文をはじめ，本書における中国語については，法政大学助教授玄宜青さんにいろいろ教えて頂いた．今回ばかりでなく，氏との長年にわたるおつきあいにも感謝したい．

　　2007年1月

　　　　　　　　　　　　　　　　　　　　　　　　　　　　著　者

本書の構成

中国語 奥の細道 ……▶ 日本人ビジネスマンと女子大生の2組がくりひろげる実践的中国旅行．ビジネスシーン，中国旅行の2つのシーンから自然な会話が学べます．

「中国語 発音よければ 半ばよし」から名付けたコーナー．発音のポイントを復習します． ……▶ **発音よければ…**

语法手册 ……▶ 本文中の主な語法や表現のポイントを解説します．

日本人が間違いやすい表現を重点的に学ぶサブスキット．誤用例とその添削文を掲載．印象に残る俳句で文法事項の核心が確認できます． ……▶ **文法 奥の細道**

字あまり ……▶ 常用のあいさつ言葉の使い方を解説します．

本文に出てきた話題，トピックをさらに展開します． ……▶ **入郷随俗**

旅の道連れ フレーズ170 ……▶ 本文の旅行会話を補足するシーン別フレーズ集です．関連語句も掲載しています．

主な登場人物

山村加那

大学3年生．2年間中国語を学んで，友人の好恵をさそって中国旅行に出かけた．ちょっとあわて者のところがある．

太田好恵

大学3年生．加那の友達．やはり大学で2年間中国語を学んだ．しっかり者で，よく加那の面倒をみる．

松尾順子

安藤商事の営業部長．今回はビジネスで初めての中国出張．中国語は大学で2年間学んだことがあるが，かなり昔のこと．

大空良一

松尾部長の部下．入社3年目．おっちょこちょいだが，中国語はわりあいよくできる．

張　平

日本に留学中の中国人学生，北京に帰省するとき，機内で加那さんたち日本人と知り合いになる．

第一課　はじめましてどうぞよろしく ………………… 14
　　〈発音よければ…〉　こんなに違うinとing　　　　15
　　〈语法手册〉　"是〜的"shì〜de構文　　　　　　　 18
　　　　　　　　　数量補語の位置　　　　　　　　　　18
　　　　　　　　　"太〜了"tài〜le　　　　　　　　　　19
　　〈今日の一句〉　どのぐらい？数と量なら　後におけ　21

第二課　中国語がお上手ですね ……………………… 22
　　〈発音よければ…〉　u（ユー，あなた）とi（アイ，私）の間　23
　　〈语法手册〉　選択疑問文（"还是"háishi）　　　　26
　　　　　　　　　"得"deを伴う補語　様態補語　　　 26
　　　　　　　　　"难怪"nánguài　　　　　　　　　　27
　　〈今日の一句〉　補語の"得"の　前は動詞ぞ　春うらら　29

第三課　タクシーに乗る ………………………………… 30
　　〈発音よければ…〉　i（アイ，私）とu（ユー，あなた）の間　31
　　〈语法手册〉　"听说"tīngshuō　　　　　　　　　　34
　　　　　　　　　"得"děi　　　　　　　　　　　　　34
　　　　　　　　　"把"bǎ構文　　　　　　　　　　　35
　　〈今日の一句〉　"把"構文　動詞ひとつじゃ　もの足りぬ　37

字あまり●"麻烦你"máfan nǐ　お願いします　　　　　38

入郷随俗●色の話　"红"と"白"と"黑"　　　　　　　39

旅の道連れフレーズ170　乗り物で【飛行機，タクシーに乗る】 40

第四課　ホテルのフロントで …………………………… 42
　　〈発音よければ…〉　"这"zhè"那"nà　　　　　　　43
　　〈语法手册〉　呼応文型"不但〜而且"búdàn〜érqiě　46
　　　　　　　　　"管保"guǎnbǎo　　　　　　　　　　46
　　　　　　　　　"往"wǎng，"给"gěiの用法　　　　　47
　　〈今日の一句〉　電話する　人には"给"を　場所には"往"　49

第五課　ホテルの部屋で ………………………………… 50
　　〈発音よければ…〉　"不是"bú shì：bù〔不〕の声調変化　51
　　〈语法手册〉　使役文"派"pài　　　　　　　　　　54
　　　　　　　　　名詞の場所化"里"li，"上"shang　　55

　　　　　　　　反語文 "不是～吗" bú shì～ma　　　　　55
　　　〈今日の一句〉モノ名詞　場所にするなら "里" か "上" を　57

　旅の道連れフレーズ170　ホテルで【フロントで, 部屋で】　58

第六課　電話で予約する …………………………………… 60
　　　〈発音よければ…〉yī〔一〕の声調変化　　　　　　　61
　　　〈语法手册〉"打算" dǎsuan　　　　　　　　　　　　64
　　　　　　　　［動詞＋目的語］構造の動詞　　　　　　　64
　　　　　　　　"照" zhào　　　　　　　　　　　　　　　65
　　　〈今日の一句〉気をつけよう　動目構造　後ろにO　　67

第七課　ロビーで人に会う ………………………………… 68
　　　〈発音よければ…〉j, q, x, y の後は「すぼめのü」
　　　　　　　　　　　　しかこない　　　　　　　　　　　69
　　　〈语法手册〉時刻の言い方　　　　　　　　　　　　　72
　　　　　　　　"就" jiù の使い方　　　　　　　　　　　　72
　　　　　　　　不定を表す疑問詞　　　　　　　　　　　　73
　　　〈今日の一句〉朝夕は　午前午後より "早、晚上"　　75

第八課　ホテルのカフェで ………………………………… 76
　　　〈発音よければ…〉またしても消えるe　　　　　　　77
　　　〈语法手册〉"再" zài「それから～」　　　　　　　　80
　　　　　　　　形容詞の過去形　　　　　　　　　　　　　80
　　　　　　　　"就～了" jiù～le　　　　　　　　　　　　81
　　　〈今日の一句〉形容詞　昨日のことでも "了" は要らぬ　83

　字あまり●"対不起" duìbuqǐ, "谢谢" xièxie
　　　　　　　「すみません」と「ありがとう」　　　　　　84

　入郷随俗●入乡随俗 rù xiāng suí sú　ところ変われば　　85

　旅の道連れフレーズ170　電話で予約【カフェで】　　　86

第九課　ビジネスランチをとる …………………………… 88
　　　〈発音よければ…〉第3声の変調　　　　　　　　　　89
　　　〈语法手册〉婉曲表現 "不怎么～" bù zěnme～　　　92
　　　　　　　　介詞フレーズを含む文の否定　　　　　　　92

〈今日の一句〉 介詞句や 否定はどこに 入るやら　95

第十課　食事を注文する …………………………… 96
　　〈発音よければ…〉 儿化　　　　　　　　　　　　97
　　〈語法手冊〉 注文動詞 "来" láiと "要" yàoの違い　100
　　　　　　　　動詞＋"不了" buliǎo　　　　　　　　101
　　〈今日の一句〉 補語つきの 動詞の否定は "没"か"不"で　103

　字あまり●"欢迎光临" Huānyíng guānglín! いらっしゃいませ　104

　入郷随俗● "什锦生鱼片" shíjǐn shēngyúpiàn　　　　105

　旅の道連れフレーズ170　レストランで　　　　　　106

第十一課　病状を訴える …………………………… 108
　　〈発音よければ…〉 enとeng　　　　　　　　　　109
　　〈語法手冊〉 "有点儿" yǒudiǎnr　　　　　　　　　112
　　　　　　　　助動詞の否定　　　　　　　　　　112
　　　　　　　　"除了" chúle　　　　　　　　　　　113
　　〈今日の一句〉 "能不能" されど言えない "得不得"　115

第十二課　ビジネスセンターで …………………… 116
　　〈発音よければ…〉 iとnの間のa　　　　　　　　117
　　〈語法手冊〉 複合方向補語　　　　　　　　　　120
　　　　　　　　「また」を表す3語　　　　　　　　121
　　〈今日の一句〉 この「また」は 何を使わん "还、又、再"　123

　旅の道連れフレーズ170　トラブル　　　　　　　124

第十三課　場所をたずねる ………………………… 126
　　〈発音よければ…〉 "小姐" xiǎojieと "姐姐" jiějie　127
　　〈語法手冊〉 "就是" jiù shì　　　　　　　　　　130
　　　　　　　　動詞と目的語の組合せ連語　　　　131
　　〈今日の一句〉 ふさわしき 動詞もとめて 夏近し　133

第十四課　買い物をする …………………………… 134
　　〈発音よければ…〉 再び第3声の変調　　　　　135
　　〈語法手冊〉 "在 zài＋VP"　　　　　　　　　　138
　　　　　　　　連動文　主語を同じくする動詞の並べ方　138

　　　　　　　動詞の前の"少"shǎoと"多"duō　　　139
　　　〈今日の一句〉何してる？　動作の類なら"在VP"　141

第十五課　はんこを作る ……………………………… 142
　　　〈発音よければ…〉日本人の苦手な音　　　143
　　　〈語法手冊〉"光"guāng　　　146
　　　　　　　概数を表す"来"lái　　　146
　　　　　　　"保証"bǎozhèng　　　147
　　　〈今日の一句〉"来"あらば　プラスマイナス　一，二割　149

　　字あまり◉"让我挑挑"Ràng wǒ tiāotiao.
　　　　　　　私に選ばせて下さい　　　150

　　入郷随俗◉刻图章 kè túzhāng　はんこを作る　　　151

　　旅の道連れフレーズ170　買い物，お店で　　　152

第十六課　仕事の話 ……………………………… 154
　　　〈発音よければ…〉3つのi　　　155
　　　〈語法手冊〉"多"，"少"が名詞を修飾する時　　　158
　　　　　　　"等"děng　　　159
　　　　　　　前置詞の"由"yóu　　　159
　　　〈今日の一句〉たくさんの　本というなら"很多书"　161

第十七課　道に迷う ……………………………… 162
　　　〈発音よければ…〉語気助詞"啊"a　　　163
　　　〈語法手冊〉"怎么"zěnmeの2つの用法　　　166
　　　　　　　方向補語と目的語の位置・"一〜就〜"の形　　　167
　　　〈今日の一句〉場所名詞　前に置くべし　"来，去"の　169

　　旅の道連れフレーズ170　場所，道をたずねる　　　170

第十八課　朝の天安門広場 ……………………………… 172
　　　〈発音よければ…〉アクセントパターン　　　173
　　　〈語法手冊〉"只要〜就〜"構文　　　176
　　　　　　　"离"lí，"从"cóng　　　176
　　　　　　　"干吗"gànmá　　　177
　　　〈今日の一句〉「から」「まで」や"离"は静かに"从"は動　179

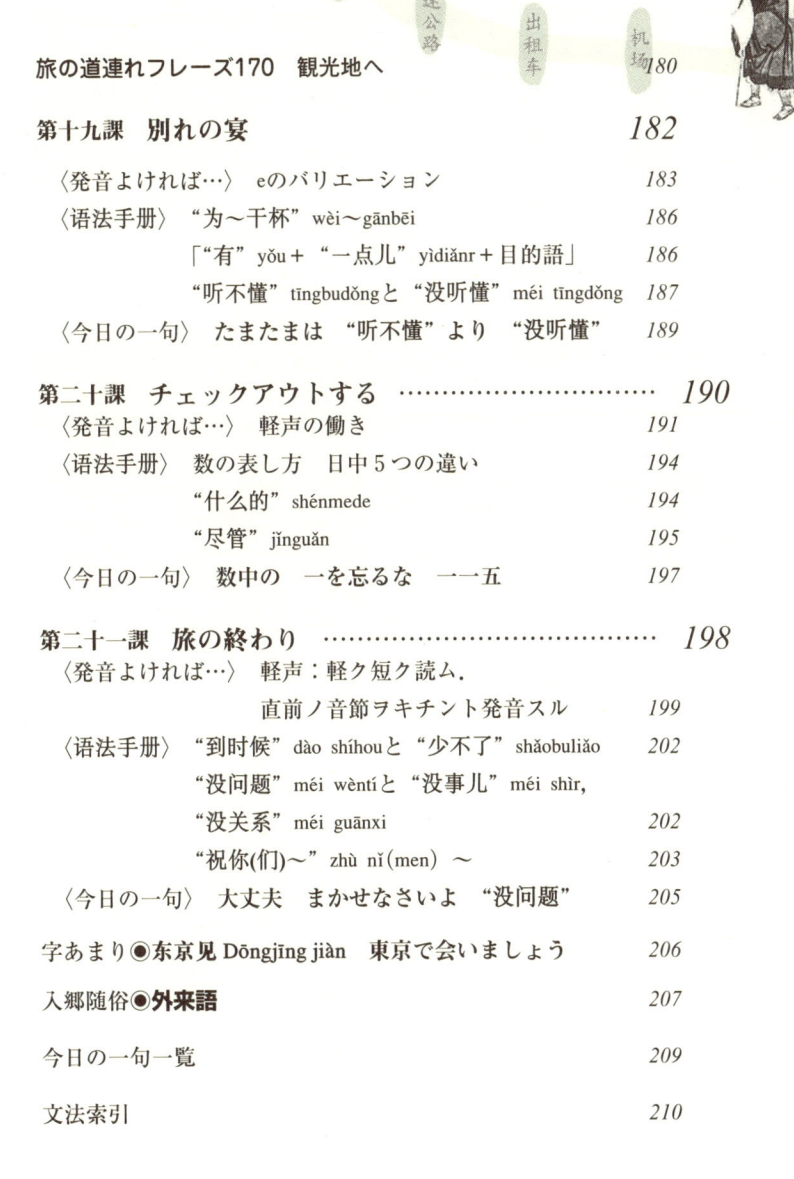

旅の道連れフレーズ170　観光地へ

第十九課　別れの宴　　　　　　　　　　　　182
　〈発音よければ…〉　eのバリエーション　　　　183
　〈語法手册〉　"为～干杯" wèi～gānbēi　　　　186
　　　　　　　「"有" yǒu＋"一点儿" yìdiǎnr＋目的語」　186
　　　　　　　"听不懂" tīngbudǒngと"没听懂" méi tīngdǒng　187
　〈今日の一句〉　たまたまは"听不懂"より"没听懂"　189

第二十課　チェックアウトする　…………………　190
　〈発音よければ…〉　軽声の働き　　　　　　　191
　〈語法手册〉　数の表し方　日中5つの違い　　194
　　　　　　　"什么的" shénmede　　　　　　　194
　　　　　　　"尽管" jǐnguǎn　　　　　　　　　195
　〈今日の一句〉　数中の　一を忘るな　一一五　197

第二十一課　旅の終わり　…………………………　198
　〈発音よければ…〉　軽声：軽ク短ク読ム．
　　　　　　　　　　　直前ノ音節ヲキチント発音スル　199
　〈語法手册〉　"到时候" dào shíhouと"少不了" shǎobuliǎo　202
　　　　　　　"没问题" méi wèntíと"没事儿" méi shìr，
　　　　　　　"没关系" méi guānxi　　　　　　202
　　　　　　　"祝你(们)～" zhù nǐ(men)～　　203
　〈今日の一句〉　大丈夫　まかせなさいよ　"没问题"　205

字あまり●东京见 Dōngjīng jiàn　東京で会いましょう　206

入郷随俗●外来語　　　　　　　　　　　　　207

今日の一句一覧　　　　　　　　　　　　　　209

文法索引　　　　　　　　　　　　　　　　　210

◉ 中国語　奥の細道 ◉

- 一 ◆ はじめまして,どうぞよろしく ───── 14
- 二 ◆ 中国語がお上手ですね ───── 22
- 三 ◆ タクシーに乗る ───── 30
- 四 ◆ ホテルのフロントで ───── 42
- 五 ◆ ホテルの部屋で ───── 50
- 六 ◆ 電話で予約する ───── 60
- 七 ◆ ロビーで人に会う ───── 68
- 八 ◆ ホテルのカフェで ───── 76
- 九 ◆ ビジネスランチをとる ───── 88
- 十 ◆ 食事を注文する ───── 96
- 十一 ◆ 病状を訴える ───── 108
- 十二 ◆ ビジネスセンターで ───── 116
- 十三 ◆ 場所をたずねる ───── 126
- 十四 ◆ 買い物をする ───── 134
- 十五 ◆ はんこを作る ───── 142
- 十六 ◆ 仕事の話 ───── 154
- 十七 ◆ 道に迷う ───── 162
- 十八 ◆ 朝の天安門広場 ───── 172
- 十九 ◆ 別れの宴 ───── 182
- 二十 ◆ チェックアウトする ───── 190
- 二十一 ◆ 旅の終わり ───── 198

第一課
はじめまして どうぞ よろしく

松尾部長と大空さん，商談のため，いよいよ中国へ出発です．

CD2 松尾：いよいよ中国ね。
Sōngwěi:

大空：はい。いよいよですね，部長。
Dàkōng:

松尾：すこし，中国語の練習しましょうか。

大空：どうぞ。

松尾：我 姓 松尾，叫 松尾 顺子。 是 安藤
　　　Wǒ xìng Sōngwěi, jiào Sōngwěi Shùnzǐ. Shì Ānténg

商事 的 营业 部长。 初次 见面， 请 多
shāngshì de yíngyè bùzhǎng. Chūcì jiànmiàn, qǐng duō

关照。
guānzhào.

第1課

訳

松尾：いよいよ中国ね．
大空：はい．いよいよですね，部長．
松尾：すこし，中国語の練習しましょうか．
大空：どうぞ．
松尾：私は松尾といいます，松尾順子です．安藤商事の営業部長です．はじめまして，どうぞよろしく．

単語

【营业部长】　yíngyè bùzhǎng　営業部長．
【初次】　chūcì　はじめて．第1回．
【关照】　guānzhào　世話をする，めんどうを見る．"初次见面，请多关照"で「はじめまして，どうぞよろしく」という日本式あいさつの中国語訳．

発音よければ…

こんなに違う in と ing

xìn〔信〕手紙
xìng〔姓〕～を姓とする

jìn〔近〕近い
jìng〔静〕静かである

nín〔您〕あなた（尊敬体）
níng〔拧〕ねじる，つねる

jīnyú〔金鱼〕金魚
jīngyú〔鲸鱼〕くじら

大空：欢迎 您。 路上 辛苦 了。
　　　Huānyíng nín. Lùshang xīnkǔ le.

松尾：不 辛苦。 这 次 来 有 很 多 事， 要
　　　Bù xīnkǔ. Zhèi cì lái yǒu hěn duō shì, yào

　　　请 您 帮忙。
　　　qǐng nín bāngmáng.

大空：没 问题， 我们 一定 尽力 而 为。 松尾
　　　Méi wèntí, wǒmen yídìng jìnlì ér wéi. Sōngwěi

　　　女士， 您 汉语 是 在 哪儿 学 的？
　　　nǚshì, nín Hànyǔ shì zài nǎr xué de?

松尾：在 大学 学过 两 年， 只 会 一点儿。
　　　Zài dàxué xuéguo liǎng nián, zhǐ huì yìdiǎnr.

大空：您 太 谦虚 了。您 平时 也 用 汉语 吗？
　　　Nín tài qiānxū le. Nín píngshí yě yòng Hànyǔ ma?

松尾：我 平时 不 用， 这 次 是……
　　　Wǒ píngshí bú yòng, zhèi cì shì……

大空：临 阵 磨 枪， 不 快 也 光。
　　　Lín zhèn mó qiāng, bú kuài yě guāng.

松尾：对， 对。 临 阵 磨 枪， 不 快 也 光。
　　　Duì, duì. Lín zhèn mó qiāng, bú kuài yě guāng.

第 1 課

訳

大空：ようこそいらっしゃいました．大変だったでしょう．
松尾：いいえ．今回はいろいろあるので，どうぞご協力よろしく．
大空：大丈夫ですよ，全力を尽くしますから．松尾さんは，中国語はどちらで学んだのですか．
松尾：大学で２年間学びましたので，すこしだけできます．
大空：ご謙遜を，普段も中国語を使われるのですか．
松尾：ふだんは使っていません，今回は……
大空：泥縄式で，切れ味はよくないけど，とりあえずの用には立つ．
松尾：そう，そう，泥縄式で，とりあえずということで．

単語

【路上辛苦了】　lùshang xīnkǔ le　旅行中お疲れさま．
【没问题】　méi wèntí　問題がない→大丈夫．
【尽力而为】　jìn lì ér wéi　全力を尽くしてやる．
【一点儿】　yìdiǎnr　わずか．少し．
【谦虚】　qiānxū　謙虚である．
【平时】　píngshí　ふだん．
【临阵磨枪】　lín zhèn mó qiāng　戦いに臨んで槍(やり)を磨く→泥縄式．
【不快也光】　bú kuài yě guāng　切れ味鋭くはない，しかし光ってはいる→たいしたことはないが，とりあえずの役には立つ．

语法手册

一　您汉语是在哪儿学的?
Nín Hànyǔ shì zài nǎr xué de?
あなたは中国語をどこで習ったのですか.

　相手はいま中国語を話している，だから「どこかでいつか中国語を学んだ」それは分かっている，では「いったいどこで？」それを聞いているのがこの文です．
　"是～的"構文とよばれるこの文型は，お互いに知っている実現済みのことがらについて，「いつ，どこで，誰が，どうやって…」などを取り立てて説明するもの．取り立てる部分を"是"と"的"の間にはさみます．

　　这条裙子是在哪儿买的？　Zhèi tiáo qúnzi shì zài nǎr mǎi de?
　　このスカートはどこで買ったのですか．

　　饺子是谁包的？　Jiǎozi shì shéi bāo de?
　　餃子(ギョーザ)はだれがつくったのですか．

　　你（是）几点来的？　Nǐ (shì) jǐ diǎn lái de?
　　あなたは何時にきたのですか．

最後の例のように，"是"は省略可能です．

二　在大学学过两年，只会一点儿。
Zài dàxué xuéguo liǎng nián, zhǐ huì yìdiǎnr.
大学で２年間学びましたので，少しできます．

　日本語では動詞の前になるが，中国語では後になる．そういう要注意語順があります．数量表現はその代表で，中国語では動詞の後に来ます．文法的には数量補語です．

第 1 課

我等了十五分钟。　　Wǒ děngle shíwǔ fēnzhōng.
私は15分間待ちました．

我等了她十五分钟。　　Wǒ děngle tā shíwǔ fēnzhōng.
私は彼女を15分間待ちました．

我看过两次。　　Wǒ kànguo liǎng cì.
私は2回見ました．

我看过两次中国电影。　　Wǒ kànguo liǎng cì Zhōngguó diànyǐng.
私は2回中国映画を見ました．

我只玩儿了一会儿。　　Wǒ zhǐ wánrle yíhuìr.
私はちょっと遊んだだけです．

目的語をとったときの前後関係も注意しておきます．人を表す代名詞なら前，その他は数量補語の後と覚えておけば間違いありません．

三　**您太谦虚了。**
Nín tài qiānxū le.
そんなご謙遜を．

"太～了"は，その間に形容詞を置き，その程度が最高だというものです．「とても～だ」と訳すときと「あまりに～すぎる」と訳すときがあります．

我太累了。　　Wǒ tài lèi le.（私はすっかり疲れてしまいました）

今天太冷了。　　Jīntiān tài lěng le.　　（今日はとっても寒い）

菜太辣了。　　Cài tài là le.　　　　　（料理が辛すぎる）

你也去，太好了。咱们一起去吧。
Nǐ yě qù, tài hǎo le. Zánmen yìqǐ qù ba.
　　　　（君も行くの，それはいい．一緒に行きましょう）

您太客气了。　　Nín tài kèqi le.
　　　　（そんなにご遠慮なさらないでください）

文法 奥の細道

好恵：ねえねえ、隣、中国人じゃない？ちょっと話しかけてみたら。
加那：そうね。

　　　　您　好，我　叫　山村　加那，您　贵姓？
　　　　Nín hǎo, wǒ jiào Shāncūn Jiānà, nín guìxìng?

张平：我　姓　张，叫　张　平。你们　是　去　旅行　吗?
Zhāng Píng: Wǒ xìng Zhāng, jiào Zhāng Píng. Nǐmen shì qù lǚxíng ma?

好恵：对，我　叫　太田　好惠，我们　去　北京　玩儿。
Hǎohuì: Duì, wǒ jiào Tàitián Hǎohuì, wǒmen qù Běijīng wánr.

张平：你们　学过　汉语？
　　　Nǐmen xuéguo Hànyǔ?

加那：**在　大学　两　年　学过，一点儿　会。**
Jiānà: Zài dàxué liǎng nián xuéguo, yìdiǎnr huì.

【添削】

加那：**在　大学　学过　两　年，会　一点儿。**您　会　日语　吗？
　　　Zài dàxué xuéguo liǎng nián, huì yìdiǎnr. Nín huì Rìyǔ ma?

张平：我　会　一点儿　日语。
　　　Wǒ huì yìdiǎnr Rìyǔ.

好恵：在　哪儿　学　的？
　　　Zài nǎr xué de?

张平：我　现在　在　南都　大学　留学，学　日本　文学。
　　　Wǒ xiànzài zài Nándū dàxué liúxué, xué Rìběn wénxué.

加那：噢，是　吗？请　多多　指教。
　　　O, shì ma? Qǐng duōduō zhǐjiào.

张平：哪里　哪里，互相　帮助　吧。
　　　Nǎli nǎli, hùxiāng bāngzhù ba.

第 1 課

今日の一句

どのぐらい？数と量なら後におけ 茂

在大学学过两年，只会一点儿。
Zài dàxué xuéguo liǎng nián, zhǐ huì yìdiǎnr.
大学で2年間学びましたので，少しできます．

日本語では動詞の前になるが，中国語では後になる．そういう要注意語順があります．数量表現はその代表で，中国語では動詞の後に来ます．文法的には数量補語と言います．
我等了十五分钟．　　Wǒ děngle shíwǔ fēnzhōng.
私は15分間待ちました．

訳

好恵：ねえねえ，隣，中国人じゃない？ちょっと話しかけてみたら．
加那：そうね．
　　　こんにちは，私は山村加那といいます，お名前は何とおっしゃるんですか．
張平：張です，張平といいます．あなたがたはご旅行ですか．
好恵：ええ．私は太田好恵といいます．北京に遊びにゆくのです．
張平：中国語を勉強なさったのですか．
加那：大学で2年間学びましたので，少しできます．

↓

加那：大学で2年間学びましたので，少しできます．日本語がおできになるのですか．
張平：少しできます．
好恵：どこで学ばれたのですか．
張平：私は今，南都大学に留学しているのです．日本文学を学んでいます．
加那：ああそうですか．どうぞいろいろ教えてください．
張平：どういたしまして，こちらこそよろしく．

単語

【玩儿】wánr　遊ぶ．
【会日语】huì Rìyǔ　日本語ができる．"会"が後に直接名詞を目的語に取っている例．他にも"会武术"〜 wǔshù 武術ができる，"会网球"〜 wǎngqiú テニスができる，"会电脑"〜 diànnǎo パソコンができる．
【留学】liúxué　留学する．
【指教】zhǐjiào　指導する，教え導く．（人に教えを請うとき）
【哪里哪里】nǎli nǎli　どういたしまして．
【互相帮助】hùxiāng bāngzhù　互いに助け合う．

第二課

中国語がお上手ですね

機内で食事中，中国語が上手な人と知り合います．

CD5 空姐：您 吃 什么？ 中餐 还是 西餐？
kōngjiě: Nín chī shénme? Zhōngcān háishi xīcān?

张平：中餐。对 了，茶 凉 了，请 换 一 杯
Zhōngcān. Duì le, chá liáng le, qǐng huàn yì bēi

热 的。
rè de.

空姐：好，您 等等，我 去 拿。
Hǎo, nín děngdeng, wǒ qù ná.

松尾：对不起，麻烦 您 也 给 我 换 一 杯。
Duìbuqǐ, máfan nín yě gěi wǒ huàn yì bēi.

空姐：好。请 您 稍 等，我 马上 去 拿。
Hǎo. Qǐng nín shāo děng, wǒ mǎshàng qù ná.

第2課

訳

乗務員：何を召し上がりになりますか．中華ですか，それとも洋風ですか．
　張平：中華をください．そうだ，お茶が冷めてしまったので，熱いのに換えてください．
乗務員：分かりました，お待ちください，ただいま持ってきますから．
　松尾：すみませんが，こちらも換えてください．
乗務員：かしこまりました．少々お待ちください，すぐお持ちします．

単語

【空中小姐】　kōngzhōng xiǎojie　女性客室乗務員，スチュワーデス．略して"空姐"kōngjiěともいう．
【中餐】　Zhōngcān　中華料理．
【还是】　háishi　やはり，それとも．
【西餐】　xīcān　西洋料理．洋風の食事．
【对了】　duì le　ああそうだ．何かを思い出して言う．
【凉了】　liáng le　冷めてしまった．
【麻烦您】　máfan nín　ご面倒ですが．後に依頼が続く．

発音よければ…

u（ユー，あなた）とi（アイ，私）の間……ソコニハ何カガ隠レテイル

〈消えるe〉
"对了"の"对" duì ← duèi
"喝水"の"水" shuǐ ← shuěi
声調記号も主母音が消えているので〈iとuが並べば，ともかく後ろにつける〉

松尾：你 汉语 讲得 真 好，在 哪儿 学 的？
　　　Nǐ Hànyǔ jiǎngde zhēn hǎo, zài nǎr xué de?

张平：我 是 中国人，现在 在 日本 留学。
　　　Wǒ shì Zhōngguórén, xiànzài zài Rìběn liúxué.

松尾：难怪 您 汉语 讲得 这么 好。
　　　Nánguài nín Hànyǔ jiǎngde zhème hǎo.

张平：你们 也 去 旅行 吗？
　　　Nǐmen yě qù lǚxíng ma?

大空：不，我们 去 工作，要是 有 时间，我们
　　　Bù, wǒmen qù gōngzuò, yàoshi yǒu shíjiān, wǒmen
　　　想 去 看 长城。
　　　xiǎng qù kàn Chángchéng.

张平：祝 你们 在 中国 过得 愉快。
　　　Zhù nǐmen zài Zhōngguó guòde yúkuài.

松尾：谢谢。
　　　Xièxie.

第2課

訳

松尾：中国語がお上手ですね，どこで習ったんですか．
張平：私は中国人です，いま日本に留学中です．
松尾：どうりでお上手なわけですね．
張平：あなた方も中国へ旅行ですか．
大空：いいえ，私たちは仕事です．もし時間があれば長城へ行きたいと思っています．
張平：どうぞ中国で楽しんでください．
松尾：ありがとう．

単語

【难怪】　nánguài　～なのも当然だ，道理だ．どうりで～．
【要是】　yàoshi　もしも．
【祝】　zhù　～であれと祈る．
【过得愉快】　guòde yúkuài　過ごして（その結果）愉快である→愉快に過ごす．"得"を伴う補語ですが，日本人はなかなか"过得"を使いこなせないので注意．

语法手册

一

中餐还是西餐？
Zhōngcān háishi Xīcān?
中華にしますか，それとも洋風にしますか．

　"A还是B？"で「AにしますかそれともBですか」という選択疑問文をつくります．ポイントは"还是"háishi です．選択肢のAとBにおいては普通は動詞も言いますが（例：你吃中餐还是吃西餐？），場面から明らかなときは上の例のように省かれることもあります．

　　　你是吃饺子还是吃包子？　Nǐ shì chī jiǎozi háishi chī bāozi?
　　　あなたは餃子をたべますか，それともバオズにしますか．

　　　你去还是不去？　Nǐ qù háishi bú qù?
　　　あなたは行きますか，それとも行きませんか．

　　　这本书是你的还是图书馆的？
　　　Zhèi běn shū shì nǐ de háishi túshūguǎn de?
　　　この本はあなたのですかそれとも図書館のですか．

　最後の例では"是"が重複するので省略されています．
　　　"还是是图书馆的？→还是图书馆的？"

二

你汉语讲得真好。
Nǐ Hànyǔ jiǎngde zhēn hǎo.
あなたは中国語を話すのが上手だ．

　"得"を伴う補語です．補語はすべて動詞や形容詞についての補足説明です．動詞（または形容詞）＋"得"＋補語という形になります．動詞が目的語を伴う時はもう一度動詞を繰り返します．

第 2 課

他滑雪滑得真棒。　Tā huáxuě huáde zhēn bàng.
彼はスキーが実にうまい．

他写文章写得真漂亮。　Tā xiě wénzhāng xiěde zhēn piàoliang.
彼は文章がとてもうまい．

最後の文，はじめの動詞を省略しましょう，すると：

他文章写得真漂亮。　Tā wénzhāng xiěde zhēn piàoliang.

すべてこのように出来ます．

三 难怪您汉语讲得这么好。
Nánguài nín Hànyǔ jiǎngde zhème hǎo.
どうりであなたは中国語がこんなにうまいわけだ．

理由，わけが分かって納得！という時に"难怪"nánguài（どうりで～なわけだ）を使います．

难怪你这么熟悉北京。　Nánguài nǐ zhème shúxī Běijīng.
どうりで君はこんなに北京に詳しいはずだ．
　　　（←你在北京住了30年／君は北京に30年も住んでいた）

难怪他那么着急了。　Nánguài tā nàme zháojí le.
どうりで彼があんなに焦っているわけだ．
　　　（←他的钱包丢了／彼の財布がなくなってしまった）

难怪打了半天也没打通。
Nánguài dǎle bàntiān yě méi dǎtōng.
どうりで長いこと電話してもかからなかったわけだ．
　　　（←原来是电话号码不对／実は電話番号が間違っていた）

文法 奥の細道

CD7 加那：请问，北京 现在 天气 怎么样？
　　　　Qǐngwèn, Běijīng xiànzài tiānqì zěnmeyàng?

空姐：今天 是 多 云 转 晴，最高 气温 21 度，
　　　Jīntiān shì duō yún zhuǎn qíng, zuìgāo qìwēn èrshíyī dù,

　　　最低 气温 16 度。
　　　zuìdī qìwēn shíliù dù.

加那：多 云…11 度…
　　　Duō yún…shíyī dù…

好惠：**对不起，您 说 中文 得 太 快 了。**
　　　Duìbuqǐ, nín shuō Zhōngwén de tài kuài le.

（添削）

好惠：**对不起，您 说 中文 说得 太 快 了。**
　　　Duìbuqǐ, nín shuō Zhōngwén shuōde tài kuài le.

空姐：请 原谅，你们 说得 很 流利，所以……
　　　Qǐng yuánliàng, nǐmen shuōde hěn liúlì, suǒyǐ……

好惠：我们 只 会 背 一些 句子。你 看，这
　　　Wǒmen zhǐ huì bèi yìxiē jùzi. Nǐ kàn, zhè

　　　是 我们 准备 的 问答 卡片。
　　　shì wǒmen zhǔnbèi de wèndá kǎpiàn.

空姐：真 下 工夫 啊。今天 天气 不错，气温
　　　Zhēn xià gōngfu a. Jīntiān tiānqì búcuò, qìwēn

　　　20 度 左右。
　　　èrshí dù zuǒyòu.

好惠：不 冷 也 不 热，太 好 了。谢谢 您 了。
　　　Bù lěng yě bú rè, tài hǎo le. Xièxie nín le.

空姐：不 谢。
　　　Bú xiè.

第2課

今日の一句

補語の"得"の前は動詞で春うらら

你汉语讲得真好。
Nǐ Hànyǔ jiǎngde zhēn hǎo
あなたは中国語を話すのがとても上手だ．

"得"を伴う補語で様態補語と言います．補語はすべて動詞や形容詞についての補足説明です．動詞（または形容詞）＋"得"＋補語という形になります．ですから動詞が目的語を伴うときは動詞をくりかえします．

　　他滑雪滑得真棒。　　Tā huáxuě huáde zhēn bàng.
　　彼はスキーが実にうまい．

訳

加那：すみませんが，北京のいまの天気はどうですか．
乗務員：今日は曇りのち晴れ，最高気温は21度，最低気温は16度です．
加那：曇りで…11度…．
好恵：すみません，中国語が早くて……

　　　　　　　↓

好恵：すみません，中国語が早くて……
乗務員：失礼しました．あながたの話し方がとても流暢だったものですから……
好恵：少し文を暗記できてるだけなんです．ほら，これ私たちが用意した会話カードです．
乗務員：熱心ですね．天気はよいです，気温は20度ぐらいです．
好恵：暑くもなく，寒くもなし．よかった．ありがとう．
乗務員：どういたしまして．

単語

【多云转晴】duō yún zhuǎn qíng　曇りのち晴れ．
【请原谅】qǐng yuánliàng　どうぞお許しください．
【流利】liúlì　すらすらと滑らかである．流暢である．
【背】bèi　暗唱する．
【句子】jùzi　文．センテンス．
【问答卡片】wèndá kǎpiàn　会話カード．
【下工夫】xià gōngfu　時間や精力をついやす．学習に力を入れる．

第三課
タクシーに乗る

中国に到着し，タクシーでホテルに向かおうとしますが，もぐりのタクシーにつかまりそうになります．

CD8 张平：走 吧, 我 送 你们 去 坐 出租。
　　　 Zǒu ba, wǒ sòng nǐmen qù zuò chūzū.

司机1：欸, 你们 去 哪儿？
sījī：Ei, nǐmen qù nǎr?

加那：我们 去 王府 饭店。
　　　 Wǒmen qù Wángfǔ fàndiàn.

司机1：你们 跟 我 走 吧, 我 拉 你们 去。
　　　　Nǐmen gēn wǒ zǒu ba, wǒ lā nǐmen qù.

第3課

訳

張平：さあ行こう，タクシーに乗るところまで送っていこう．
運転手1：どこへ行くの？
　加那：私たち王府飯店ですけど．
運転手1：私と一緒に行こう，お連れしますよ．

単語

【坐出租】　zuò chūzū　タクシーに乗る．〔出租〕は"出租汽车"の省
　　　　　略．
【司机】　sījī　運転手．
【欸】　ei　ちょっと，ねえ，おい等，声をかける時の感嘆詞．
　　　感嘆詞にも声調がつくが，驚きやいぶかりなら第2声のように，
　　　ため息まじりの調子なら第4声のように発音するが，いずれも人
　　　間の自然な感覚でよいので，本書では感嘆詞には声調をつけてい
　　　ない．
【饭店】　fàndiàn　ホテル．
【拉】　lā　引っ張る．ここでは客を運ぶ．

発音よければ…

i（アイ，私）とu（ユー，あなた）の間……ソコニモ何カガ隠レテイル

〈消えるo〉
"就" jiù ← jiòu
"踢球"の"球" qiú ← qióu
一般的には
第1声・第2声 − oが弱くなる
第3声・第4声 − oがわりとはっきり聞こえる

张平：谢谢， 不用， 我们 有 车。
Xièxie, búyòng, wǒmen yǒu chē.

听说 北京 现在 也 有 "黑车"， 你们
Tīngshuō Běijīng xiànzài yě yǒu "hēichē", nǐmen

得 小心 点儿。
děi xiǎoxin diǎnr.

到 了， 你们 上 吧。 师傅， 麻烦 您
Dào le, nǐmen shàng ba. Shīfu, máfan nín

把 她们 俩 送到 王府 饭店。
bǎ tāmen liǎ sòngdào Wángfǔ fàndiàn.

司机2：好， 请 上 车。 去 王府 饭店， 走
Hǎo, qǐng shàng chē. Qù Wángfǔ fàndiàn, zǒu

高速 公路 快 一点儿。
gāosù gōnglù kuài yìdiǎnr.

好惠：那 就 请 走 高速 公路 吧。
Nà jiù qǐng zǒu gāosù gōnglù ba.

加那：张 平， 别 忘了 来 找 我们。
Zhāng Píng, Bié wàngle lái zhǎo wǒmen.

张平：我 一定 去， 你们 放心 吧。
Wǒ yídìng qù, nǐmen fàngxīn ba.

第3課

訳

張平：いや，結構です．私たち車がありますから．北京でも最近もぐりのタクシーがいるそうだよ，気をつけなくては．さ，着いたよ，乗って．すみません，王府飯店まで彼女たち2人をお願いします．
運転手2：はい，どうぞお乗りください．王府飯店なら，高速で行くのが早いですね．
好恵：それじゃ，高速でゆきましょう．
加那：張平さん，私たちをたずねて来てくださいね．
張平：きっとお訪ねします，大丈夫ですよ．

単語

【听说】　tīngshuō　聞くところによると～なそうだ．
【黑车】　hēichē　もぐりのタクシー．
【得】　děi　助動詞，～ねばならない．
【小心】　xiǎoxīn　気をつける．注意する．
【师傅】　shīfu　運転手やコックさんなど技能を持つ人への，敬意を含んだ呼びかけ．
【上车】　shàng chē　車に乗り込む．
【高速公路】　gāosù gōnglù　高速道路．
【别忘了】　bié wàngle　～を忘れないように．
【放心】　fàngxīn　安心する．

语法手册

一

听说北京现在也有"黑车"。
Tīngshuō Běijīng xiànzài yě yǒu "hēichē".
北京にも現在ではもぐりのタクシーがいるそうです．

"听说"は伝聞「聞くところによると～なそうだ」を表します．

听说明天有大雨。　Tīngshuō míngtiān yǒu dàyǔ.
明日は大雨が降るそうです．

听说东京的物价非常高。
Tīngshuō Dōngjīng de wùjià fēicháng gāo.
東京の物価はとても高いそうです．

听说他去年结婚了。　Tīngshuō tā qùnián jiéhūn le.
彼は去年結婚したそうです．

二

你们得小心点儿。
Nǐmen děi xiǎoxin diǎnr.
あなたがたは気をつけねばなりません．

"得"は助動詞で「～しなければならない」という意味を表します．
助動詞は後に用言がくるのが原則で，文も来ることができます．

明天咱们得早去。　Míngtiān zánmen děi zǎo qù.
明日，私たちは早めに行かなければならない．

这件事得他同意才行。　Zhèi jiàn shì děi tā tóngyì cái xíng.
この件はどうしても彼に同意してもらわなければならない．

最後の文は"得"の後に"他同意"という文が来ています．

第 3 課

三

麻烦您把她们俩送到王府饭店。
Máfan nín bǎ tāmen liǎ sòngdào Wángfǔ fàndiàn.
すみませんが，彼女たちを王府飯店まで送りとどけて
ください．

　"把"構文は処置式とも呼ばれます．"把"の目的語をどう処置したのかをその後の動詞句で表します．従って，はだかの動詞が１つだけということはなく，何らかの成分が必要です．

　　请把门关好。　　Qǐng bǎ mén guānhǎo.
　　ドアをちゃんと閉めてください．

　　快把小张叫来。　　Kuài bǎ Xiǎo-Zhāng jiàolai.
　　早く張くんを呼んできて．

　　把书放在书架上。　　Bǎ shū fàngzài shūjià shang.
　　本を本棚に置きなさい．

　特に最後の例のように，あるものを動作を通して何処かに位置づけるときには"把"構文が使われます．

　　你把今天的报纸放在哪儿了？
　　Nǐ bǎ jīntiān de bàozhǐ fàngzài nǎr le?
　　今日の新聞どこに置いた？

　　我把电脑借给朋友了。　　Wǒ bǎ diànnǎo jiègěi péngyou le.
　　パソコンを友達に貸してあげた．

　また，次のように「あるものに変化させる」のも一種の位置づけ（翻訳という操作を通して英語に位置づける）と考えられますから，やはり"把"構文になります．

　　请把这个句子翻译成英语。
　　Qǐng bǎ zhèige jùzi fānyìchéng Yīngyǔ.
　　この文を英語に訳していただけませんか．

文法 奥の細道

大空：师傅， 麻烦 您 我们 想 去 王府 饭店，
Shīfu, máfan nín wǒmen xiǎng qù Wángfǔ fàndiàn.

司机：好， 请 上 车。
Hǎo, qǐng shàng chē.

松尾：对不起， 请 把 后面 开， 这 两 个 大 的 得
Duìbuqǐ, qǐng bǎ hòumiàn kāi, zhèi liǎng ge dà de děi

放 后面。
fàng hòumiàn.

松尾：对不起， 请 把 后面 开开， 这 两 个 大 的 得
Duìbuqǐ, qǐng bǎ hòumiàn kāikai, zhè liǎng ge dà de děi

放 后面。
fàng hòumiàn.

司机：你 放下， 还是 我 来 吧。你们 请 上 车 吧。
Nǐ fàngxià, háishi wǒ lái ba. Nǐmen qǐng shàng chē ba.

大空：师傅， 大概 得 多少 时间？
Shīfu, dàgài děi duōshao shíjiān?

司机：走 高速 很 快，用不了 一 个 小时。
Zǒu gāosù hěn kuài, yòngbuliǎo yí ge xiǎoshí.

大空：太 好 了， 谢谢。
Tài hǎo le, xièxie.

第3課

今日の一句
"把"構文動詞ひとつじゃもの足りぬ 茂

麻烦您把她们俩送到王府饭店。
Máfan nín bǎ tāmen liǎ sòngdào Wángfǔ fàndiàn.
すみませんが，彼女たちを王府飯店まで送りとどけてください．

"把"構文は処置式とも呼ばれます．"把"の目的語をどう処置したのかを後の動詞句で表します．従って，はだかの動詞が1つだけということはなく，何らかの成分が必要です．
请把门关好。 Qǐng bǎ mén guānhǎo.
ドアをちゃんと閉めてください．

訳

大空：すみませんが，王府飯店までお願いします．
運転手：はい，どうぞ．
松尾：すみません，後ろをあけてください，この大きいの2つは後ろに入れなくちゃ．

↓

松尾：すみません，後ろをあけてください，この大きいの2つは後ろに入れなくちゃ．
運転手：置いてください，私がやりましょう．どうぞお乗りください．
大空：どのぐらい時間がかかりますか．
運転手：高速で行けば早いですよ，一時間はかからないでしょう．
大空：それはよかった．ありがとう．

単語

【后面】hòumiàn 後ろ，ここでは車のトランク．
【大的】dà de 大きいもの．"的"がついて形容詞"大"を名詞化している．
【放】fàng 置く．
【开开】kāikai 開ける．動詞"开"＋結果補語"开"の形．動詞の重ね型ではない．
【来】lái する，やる．ある動詞の代わりに使う．
【大概】dàgài 大体，およそ．
【得】děi かかる．要する．後に数量目的語をとる．
【用不了】yòngbuliǎo 使いきれない．そんなにはかからない．

"麻烦你"
máfan nǐ
お願いします……

人に何かをお願いする時は，あれこれ気をつかいます．

请你把门关一下好吗？　　Qǐng nǐ bǎ mén guān yíxià hǎo ma?
　どうかドアを閉めていただけませんでしょうか．
请给我看看这个．　　Qǐng gěi wǒ kànkan zhèige.
　ちょっとこれ見てくれませんか．

"请"をまず頭につけます．次に，相手への負担軽減をあらわす「ちょっと」にあたる"一下"や動詞の重ね型"看看"などをつかいます．さらに最後には"好吗？"までつけています．あくまで，やさしく，丁寧に，下手にでるわけです．

本課で学んだものに"麻烦你"máfan nǐ があります．これも人に何かお願いするときに便利です．まず"麻烦你"を言ってしまいます，その後でおもむろに頼みごとをいいます．

麻烦你把这封信替我寄去．　　Máfan nǐ bǎ zhèi fēng xìn tì wǒ jìqu.
　すまないけど，この手紙出してくれない．
麻烦你把这个带给我哥哥．　　Máfan nǐ bǎ zhèige dàigěi wǒ gēge.
　ご面倒ですが，これ私の兄にとどけてください．
麻烦你帮我复印一下．　　Máfan nǐ bāng wǒ fùyìn yíxià.
　わるいけど，コピー手伝ってくれない．

先にお願いすることを言ってしまうカタチもあります．この場合，"麻烦你了"最後に"了"leをつけます．

帮我复印一下，麻烦你了．
把这封信替我寄去，麻烦你了．

目上の人に頼む時や丁寧に言いたいときは"你"を"您"にします．

色の話
"红"と"白"と"黒"

　中国語では"红" hóng がおめでたい色．"红事" hóngshì といえば慶事のこと．結婚式は赤一色です．"红双喜" hóngshuāngxǐ といって，例のめでたい飾り文字も必ず赤です．

　その反対の葬儀，これは白です．"白事" báishì といえば葬儀のこと．日本では結婚式も葬式も，どちらも礼服は黒ですから，「結婚式に黒い服！」とびっくりする中国の人が少なくありません．

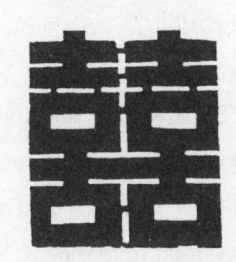

　その"黒" hēi ですが，中国ではあまりよいイメージがありません．本文にでてきた"黑车" hēichē はもぐりのタクシー．営業許可なしで，強引に空港などで客引きをし，しばしば法外な値段を要求します．"黒"とは表面に出てこない，水面下の，社会の裏側という含みがあります．

　"黑市" hēishì といえば闇市，ブラックマーケットのこと．ここで取引される価格は"黑价格" hēijiàgé といいます．裏の社会は"黑社会" hēishèhuì ですし，"黑信" hēixìn といえば名前をあかさない匿名の手紙．"黑名单" hēimíngdān ならブラックリストのこと．

　このようにあまり歓迎されない黒ですが，最近は流行色としての「黒」が見直されています．「黒はシック」という世界の服装感覚が中国でも受け入れられはじめたようです．

　女性の流行色感覚から「黒」にたいするイメージも少し変わってくるのかも知れません．

旅の道連れ フレーズ170

乗り物で……飛行機，タクシーに乗る

CD 11

● 機内で

A15の席はどこですか．
A15在哪边儿？　　A shíwǔ zài nǎbiānr?

日本語の新聞はありますか．
有日文报纸吗？　　Yǒu Rìwén bàozhǐ ma?

毛布をください．
请给我一个毯子。　　Qǐng gěi wǒ yí ge tǎnzi.

少し気分が悪いのですが．
我有点儿不舒服。　　Wǒ yǒudiǎnr bù shūfu.

どういった飲み物があるのですか．
有什么饮料？　　Yǒu shénme yǐnliào?

コーヒーをください．
请给我一杯咖啡。　　Qǐng gěi wǒ yì bēi kāfēi.

ちょっと通してください．
请让我过去一下。　　Qǐng ràng wǒ guòqu yíxià.

北京まであとどのぐらいかかりますか．
到北京还要多长时间？　　Dào Běijīng hái yào duō cháng shíjiān?

免税品の販売はまだですか．
什么时候开始卖免税品？　　Shénme shíhou kāishǐ mài miǎnshuìpǐn?

テレビを見たいのですが，つけてくれますか．
我想看电视，请帮我打开好吗？
Wǒ xiǎng kàn diànshì, qǐng bāng wǒ dǎkāi hǎo ma?

入国カード，もう1枚ください．
请再给我一张入境登记卡。　　Qǐng zài gěi wǒ yì zhāng rùjìng dēngjìkǎ.

● タクシーで

ここに行きたいのですが，これが住所です．
我想去这个地方，这是地址。　Wǒ xiǎng qù zhège dìfang, zhè shì dìzhǐ.

首都空港まで大体どのぐらいの時間がかかりますか．
到首都机场大概要多长时间？
Dào shǒudū jīchǎng dàgài yào duō cháng shíjiān?

運転手さん，そこで停めてください．
师傅，就停在这儿吧。　Shīfu, jiù tíngzài zhèr ba.

どちらまで？
您去哪儿？　Nín qù nǎr?

北京飯店まで．
北京饭店。　Běijīng fàndiàn.

長城までいくらですか．
去长城多少钱？　Qù Chángchéng duōshao qián?

少し急いでくれますか．
师傅，您开快点儿好吗？　Shīfu, nín kāikuài diǎnr hǎo ma?

前方のあのビルのところで下ろしてください．
我在前边那座大楼那儿下车。　Wǒ zài qiánbian nà zuò dàlóu nàr xiàchē.

２時の列車に乗るんですが，間に合いますか．
我要坐两点的火车，来得及吗？
Wǒ yào zuò liǎng diǎn de huǒchē, láidejí ma?

メータを倒してください．
请你打表。　Qǐng nǐ dǎ biǎo.

ここでちょっと待っていてくれませんか．
能不能在这儿等我一下？　Néng bù néng zài zhèr děng wǒ yíxià?

関連語句

中国語の雑誌		民族飯店	
中文杂志	Zhōngwén zázhì	民族饭店	Mínzú fàndiàn
赤ワイン		首都劇場	
红葡萄酒	hóng pútaojiǔ	首都剧场	Shǒudū jùchǎng
緑茶		乗り物酔い	
绿茶	lùchá	晕车	yùnchē

第四課

ホテルのフロントで

ホテルに到着し，フロントに向かいます．

CD12 服务员：欢迎 光临。
fúwùyuán: Huānyíng guānglín.

松尾：您 好！ 我 姓 松尾， 我们 委托 中外
Nín hǎo! Wǒ xìng Sōngwěi, wǒmen wěituō Zhōngwài

旅行社 帮助 我们 订了 房间。
lǚxíngshè bāngzhù wǒmen dìngle fángjiān.

服务员：请 等一等。 噢， 松尾 女士 和 大空
Qǐng děngyiděng. O, Sōngwěi nǚshì hé Dàkōng

先生， 房间 准备好 了， 请 填 一下 这
xiānsheng, fángjiān zhǔnbèihǎo le, qǐng tián yíxià zhèi

张 卡片。
zhāng kǎpiàn.

第４課

訳

係員：いらっしゃいませ．
松尾：こんにちは．松尾ですが，中外旅行社にたのんで部屋の予約
　　　をお願いしてありますが．
係員：少々お待ちください．はい，松尾様と大空様，お部屋をご用
　　　意しております．こちらのカードにご記入お願いいたします．

単語

【服务员】　fúwùyuán　フロント係，広くサービス業に従事する人．
【欢迎光临】　huānyíng guānglín　いらっしゃいませ．
【委托】　wěituō　～するように任せる，頼む．
【旅行社】　lǚxíngshè　旅行社．
【订房间】　dìng fángjiān　部屋を予約する．
【填】　tián　表などに必要事項を記入する．
【卡片】　kǎpiàn　カード．

発音よければ…

"这" zhè と "那" nà

"这"が単用されたり，後に直接名詞が続く場合は zhè だが，量詞や数量詞が後続する場合は，話し言葉ではしばしば zhèi と発音される．これは "那" nà，"哪" nǎ の場合も同様で nèi, něi となる．

这个　zhèige　　这些　zhèixiē
那张卡片　nèi zhāng kǎpiàn　　哪个　něige

大空：填好 了， 您 看看。
Tiánhǎo le, nín kànkan.

服务员：好 了， 这 是 钥匙， 7 1 5 号 和
Hǎo le, zhè shì yàoshi, qī yāo wǔ hào hé

7 1 8 号， 在 七 层。
qī yāo bā hào, zài qī céng.

松尾：请问， 房间 朝 哪边儿？
Qǐngwèn, fángjiān cháo něibiānr?

服务员：房间 朝 南， 不但 阳光 好， 而且 还
Fángjiān cháo nán, búdàn yángguāng hǎo, érqiě hái

可以 观赏 市容。 管保 您 满意。
kěyǐ guānshǎng shìróng. Guǎnbǎo nín mǎnyì.

大空：请问， 从 这儿 去 车站 方便 吗？
Qǐngwèn, cóng zhèr qù chēzhàn fāngbiàn ma?

服务员：方便， 出去 往 北 走 三 分钟 就 到 了。
Fāngbiàn, chūqù wǎng běi zǒu sān fēnzhōng jiù dào le.

大空：太 好 了， 谢谢。
Tài hǎo le, xièxie.

服务员：不谢。
Búxiè.

第4課

訳

大空：はい，これでよろしいですか．
係員：結構です．こちらがキーです．715号と718号で，7階でございます．
松尾：部屋はどちら向きですか．
係員：南向きのお部屋で，日当たりもよく，しかも街を眺めることができますから，きっとご満足いただけるものと思います．
大空：ここから駅へ行くのは便利ですか．
係員：便利ですよ，ホテルを出て北に3分もゆけばあります．
大空：よかった，ありがとう．
係員：どういたしまして．

単語

【钥匙】　yàoshi　鍵，キー．「錠前，ロック」のほうは"锁"suǒ．
【朝】　cháo　～を向いて．方向を表す介詞．
【七层】　qī céng　7階．"七楼"qī lóu とも．
【不但～而且～】　búdàn～érqiě　～であるばかりか，～でもある．
【观赏市容】　guānshǎng shìróng　街並みを見る，市街を眺める．
【管保】　guǎnbǎo　～を保証する→きっと，間違いなく．
【车站】　chēzhàn　駅，バスストップ．

语法手册

一

房间朝南，不但阳光好，而且还可以观赏市容。
Fángjiān cháo nán, búdàn yángguāng hǎo, érqiě hái kěyǐ guānshǎng shìróng.
部屋は南向きです，日当たりがよい上に，街の眺めも楽しめます。

「AであるばかりかA，その上Bでもある」という時に"不但～而且～"という呼応文型を使います．

不但东西好，而且便宜。　Búdàn dōngxi hǎo, érqiě piányi.
ものが良いうえに，値段も安い．

不但得去，而且马上去。　Búdàn děi qù, érqiě mǎshàng qù.
行かねばなりません，しかもすぐに．

她不但会英语，而且会法语和俄语。
Tā búdàn huì Yīngyǔ, érqiě huì Fǎyǔ hé Éyǔ.
彼女は英語ができるばかりか，その上フランス語とロシア語もできる．

二

管保您满意。
Guǎnbǎo nín mǎnyì.
きっとご満足いただけます．

"管保"は「～であることは間違いない，保証できる→きっと」という意味を表します．"保管"bǎoguǎnともいい，目的語としてよく文をとります．

你去问小张，管保他知道。
Nǐ qù wèn Xiǎo-Zhāng, guǎnbǎo tā zhīdao.
張君にたずねてください，彼はきっと知っています．

第 4 課

三点半出发，管保来得及。
Sān diǎn bàn chūfā, guǎnbǎo láidejí.
3時半にでかければ，きっと間に合います．

三　出去往北走三分钟就到了。
Chūqu wǎng běi zǒu sān fēnzhōng jiù dào le.
ホテルを出て北へ3分行くと着きます．

"往"は動きを伴う方向を表します．そちらの方へ何かが移動する感じです．

请往后面靠一靠。　Qǐng wǎng hòumiàn kàoyikào.
どうぞ後ろに寄りかかってください．

往杯子里倒茶。　Wǎng bēizi li dào chá.
コップのなかにお茶を注ぐ．

〈どこに電話をするか〉
「彼に電話をする」なら"给"をつかいます．

给他打电话　gěi tā dǎ diànhuà

「学校へ電話をする」なら"给"も"往"もOKです．

给／往　学校打电话　gěi／wǎng xuéxiào dǎ diànhuà

「日本に電話をする」なら"往"です．

往日本打电话　wǎng Rìběn dǎ diànhuà

要するに場所へなら"往"，人へなら"给"．両者を兼ねそなえている場合，つまり場所でもあり意志主体でもあるなら"往""给"両方可能です．

文法 奥の细道

CD14 服务员：对不起， 没有 三村 小姐 的 名字。
Duìbuqǐ, méiyou Sāncūn xiǎojie de míngzi.

好惠：没有？ 不 可能， 是 我 打 电话 订 的。
Méiyou? Bù kěnéng, shì wǒ dǎ diànhuà dìng de.

服务员：您 等等。 噢， 我 知道 了， 是 山村 小姐
Nín děngdeng. O, wǒ zhīdao le, shì Shāncūn xiǎojie

和 太田 小姐， 一共 订了 五 天， 对 吧。
hé Tàitián xiǎojie, yígòng dìngle wǔ tiān, duì ba.

加那：对， 对， 是 山村 和 太田， 没错儿。
Duì, duì, shì Shāncūn hé Tàitián, méicuòr.

服务员：请 原谅， 是 我 把 "山村" 的 "山" 听成
Qǐng yuánliàng, shì wǒ bǎ "shāncūn" de "shān" tīngchéng

"三" 了。 请 把 姓名、 护照 号码 写在
"sān" le. Qǐng bǎ xìngmíng, hùzhào hàomǎ xiězài

这儿， 还 有 住址。
zhèr, hái yǒu zhùzhǐ.

好惠：**请问， 从 房间 打 电话 日本 怎么 打？**
Qǐngwèn, cóng fángjiān dǎ diànhuà Rìběn zěnme dǎ?

好惠：**请问， 从 房间 往 日本 打 电话 怎么 打？**
Qǐngwèn, cóng fángjiān wǎng Rìběn dǎ diànhuà zěnme dǎ?

服务员：先 拨 0， 然后 拨 0 0， 然后 再 拨
Xiān bō líng, ránhòu bō líng líng, ránhòu zài bō

日本 的 号码 就 行 了， 房间 里 也 有
Rìběn de hàomǎ jiù xíng le, fángjiān li yě yǒu

说明书。
shuōmíngshū.

第4課

今日の一句

電話する人には"给"を　場所には"往"を　茂

出去往北走三分钟就到了。
Chūqu wǎng běi zǒu sān fēnzhōng jiù dào le.
ホテルを出て北へ3分行くと着きます．

"往"は動きを伴う方向を表します．そちらの方へ何かが移動する感じです．
　　请往后面靠一靠．　Qǐng wǎng hòumiàn kàoyikào.
　　どうぞ後ろに寄りかかってください．
"往"はまた，ある場所へ電話をするときに使えます
　　往日本打电话　wǎng Rìběn dǎ diànhuà
一方，「彼に電話をする」なら"给"を使います．
　　给他打电话　gěi tā dǎ diànhuà
「学校へ電話をする」なら"给"も"往"もOKです．
　　给／往学校打电话　gěi/wǎng xuéxiào dǎ diànhuà
　要するに場所へなら"往"，人へなら"给"．両者を兼ねそなえている場合，つまり場所でもあり意志主体でもあるなら，"给""往"両方可能です．

訳

係員：すみません，三村（Sāncūn）様のお名前がございませんが．
好恵：ない，そんなまさか．私が電話して予約したのよ．
係員：少々お待ちください．あ，分かりました．山村様と太田様ですね．5日間のご予約ですね．
加那：そうです．山村と太田，間違いありません．
係員：すみません，わたしが「山村」の"山"を"三"と聞いてしまったのです．こちらにお名前とパスポート番号，それから住所を書いてください．
好恵：すみません，部屋から日本に電話するのはどうするのですか．

↓

好恵：すみません，部屋から日本に電話するのはどうするのですか．
係員：まず0をまわし，それから00，次に日本の番号を回せばいいです．部屋に説明書もございます．

単語

【小姐】xiǎojie　お嬢さん．　【不可能】bù kěnéng　ありえない．
【一共】yígòng　全部で．
【没错儿】méicuòr　間違いない．確かにその通り．
【听成】tīngchéng　聞いて〜と思いこむ→〜と聞き違える．
【护照号码】hùzhào hàomǎ　パスポート番号．
【住址】zhùzhǐ　（人の）住所．役所や工場の住所は"地址"dìzhǐ という．
【怎么】zěnme　どうして．後に動作動詞が続き方法を表す．
【拨0】bō líng　ゼロをまわす．回さずプッシュしても"拨"と言う．
【然后】ránhòu　その後．　【说明书】shuōmíngshū　説明書．

49

第五課

ホテルの部屋で

どうやら部屋のテレビが壊れているようです.

CD15 松尾：服务台 吗？ 这个 房间 的 电视 坏 了。
　　　　Fúwùtái ma? Zhèige fángjiān de diànshì huài le.

服务员：您 的 房间 是……
　　　　Nín de fángjiān shì……

松尾：7 1 5 号 房间，我 姓 松尾。
　　　Qī yāo wǔ hào fángjiān, Wǒ xìng Sōngwěi.

服务员：我们 马上 派 人 去 给 您 修。
　　　　Wǒmen mǎshàng pài rén qù gěi nín xiū.

修理员：遥控器 呢？
xiūlǐyuán：Yáokòngqì ne?

松尾：在 桌子 上。
　　　Zài zhuōzi shang.

第 5 課

訳

松尾：フロントですか？部屋のテレビが故障しているのですが．
係員：お部屋は？
松尾：715号室，松尾です．
係員：すぐに係の者を直しに行かせます．

修理工：リモコンは？
松尾：テーブルにあります．

単語

【服務台】　fúwùtái　フロント，カウンター．
【坏了】　huài le　「壊れた」だが，壊れてそのままの状態「壊れている」
　　　　　こともを表す．例：他結婚了。Tā jiéhūn le.（彼は結婚している）．
　　　　　他出去了。Tā chūqu le.（彼は出かけている）
【派人】　pài rén　人を遣わす．
【修】　xiū　修理する．直す．
【遥控器】　yáokòngqì　リモコン．

発音よければ…

"不是" bú shì：bù〔不〕の声調変化

bù＋第1声：bù hē〔不喝〕飲まない　　┐
bù＋第2声：bù lái〔不来〕来ない　　　├ 変化しない
bù＋第3声：bù mǎi〔不买〕買わない　　┘
bù＋第4声：bú lèi〔不累〕疲れていない→第2声に変化

CD16 修理员：是　天线　接触　不良，您　看，好　了　吧。
　　　　　Shì　tiānxiàn　jiēchù　bùliáng,　nín　kàn,　hǎo　le　ba.

松尾：真　的。
　　　Zhēn　de.

大空：这　不　是　日语　讲座　吗？
　　　Zhè　bú　shì　Rìyǔ　jiǎngzuò　ma?

修理员：对，这　是　电视　大学　的　日语课。
　　　　Duì,　zhè　shì　diànshì　dàxué　de　Rìyǔkè.

大空：北京　一共　有　几　个　频道？
　　　Běijīng　yígòng　yǒu　jǐ　ge　píndào?

修理员：我们　饭店　有　8　个　频道。可以　看
　　　　Wǒmen　fàndiàn　yǒu　bā　ge　píndào.　Kěyǐ　kàn

卫星台。
wèixīngtái.

松尾：听说　北京　也　常　播　日本　的　电视剧。
　　　Tīngshuō　Běijīng　yě　cháng　bō　Rìběn　de　diànshìjù.

修理员：对，以前　播　的　《阿信》　在　中国　可
　　　　Duì,　yǐqián　bō　de　《Ā-Xìn》　zài　Zhōngguó　kě

受　欢迎　了。
shòu　huānyíng　le.

第 5 課

【訳】

修理工：アンテナの接触不良ですね，ほら，直ったでしょう．
　松尾：あ，ほんとに．
　大空：これは日本語講座じゃないですか．
修理工：ええ，これはテレビ大学の日本語の授業です．
　大空：北京には全部でいくつチャンネルがあるのですか？
修理工：うちのホテルには8つあります．衛星放送も見られますよ．
　松尾：北京でもよく日本のテレビドラマを放送するそうですね．
修理工：ええ，前に放送した「おしん」は中国で好評でしたよ．

【単語】

【天线】　tiānxiàn　アンテナ．
【电视大学】　diànshì dàxué　テレビ大学．放送大学．略して"电大"とも．
【日语课】　Rìyǔkè　日本語の授業．
【频道】　píndào　チャンネル．
【卫星台】　wèixīngtái　衛星放送局．
【播】　bō　放送する．
【电视剧】　diànshìjù　テレビドラマ．
【可】　kě　「実に，まったく」等，語気を強める．

语法手册

一

我们马上派人去给您修。
Wǒmen mǎshàng pài rén qù gěi nín xiū.
私たちはさっそく人を直しに行かせます．

"派"は「人を派遣する，遣わす」そして，派遣された人が何かをするのです．上の例では「あなたのために修理する」わけで，構造的には兼語文になっています．

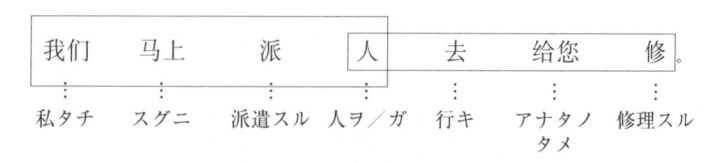

我们	马上	派	人	去	给您	修。
私タチ	スグニ	派遣スル	人ヲ／ガ	行キ	アナタノタメ	修理スル

意味的には人に何かを「依頼する」とか「させる」使役文です．このタイプの構文を作る動詞には"派""派遣""托""委托"などがあります．

政府派遣医疗队去灾区工作。
Zhèngfǔ pàiqiǎn yīliáoduì qù zāiqū gōngzuò.
政府は医療チームを被災地に派遣し，作業に当たらせた．

我托他给家里捎了一点儿钱。
Wǒ tuō tā gěi jiāli shāole yìdiǎnr qián.
私は彼にお金を少し家に届けてくれるよう頼んだ．

学校委托他们调查学生的经济情况。
Xuéxiào wěituō tāmen diàochá xuésheng de jīngjì qíngkuàng.
学校は彼らに，学生の経済状況についての調査を依頼した．

第 5 課

二 遥控器呢？—在桌子上。
Yáokòngqì ne? —Zài zhuōzi shang.
リモコンは？—テーブルにあります．

　「テーブルにある」という答えですが，中国語ではモノ名詞単独では場所を表すことができません．そこで，場所化してやらねばなりません．そのためにはモノ名詞の後に"里"や"上"を添えます．

　　老师把答案写在黑板上。　　Lǎoshī bǎ dá'àn xiězài hēibǎn shang.
　　先生は答えを黒板に書いた．

　　我的钱包在抽屉里呢。　　Wǒ de qiánbāo zài chōuti li ne.
　　私の財布は引き出しの中にあります．

　「彼のところ」などと言うときは"这儿／那儿"を加えます．

　　请把桌子搬到他那儿去。　　Qǐng bǎ zhuōzi bāndào tā nàr qù.
　　机を彼のところへ運んでください．

三 这不是日语讲座吗？
Zhè bú shì Rìyǔ jiǎngzuò ma?
これは日本語講座ではありませんか．

　"不是～吗？"は「～ではありませんか」という反語文です．「おや？」と意外に思った時に使います．

　　你不是知道吗？　　Nǐ bú shì zhīdao ma?
　　あなた，知ってるんじゃなかった？

　　书不是放在桌子上了吗？
　　Shū bú shì fàngzài zhuōzi shang le ma?
　　本はテーブルの上にあるんじゃないの？

　　你不是不去吗？　　Nǐ bú shì bú qù ma?
　　あなた，行かないんじゃなかった？

文法 奥の細道

服务员：这 就 是 二 位 的 房间。
Zhè jiù shì èr wèi de fángjiān.

加那：呵，真 大！
He, zhēn dà!

服务员：这 是 房间 的 钥匙，放 哪儿 好 呢？
Zhè shì fángjiān de yàoshi, fàng nǎr hǎo ne?

好惠：**请 放在 桌子 吧。**
Qǐng fàngzài zhuōzi ba.

添刪

好惠：**请 放在 桌子 上 吧。**
Qǐng fàngzài zhuōzi shàng ba.

加那：请问，这个 收音机 怎么 开？
Qǐngwèn, zhèige shōuyīnjī zěnme kāi?

服务员：这 是 开关，这 是 选台 用 的，这个
Zhè shì kāiguān, zhè shì xuǎntái yòng de, zhèige

是 调节 音量 的。
shì tiáojié yīnliàng de.

加那：啊，是 这样。
A, shì zhèyàng.

好惠：有 闹钟 吗？
Yǒu nàozhōng ma?

服务员：有，这 是 闹钟。您 要是 需要 早 起，
Yǒu, zhè shì nàozhōng. Nín yàoshi xūyào zǎo qǐ,

服务台 也 可以 叫 您。还 有 别 的
fúwùtái yě kěyǐ jiào nín. Hái yǒu bié de

事情 吗？
shìqing ma?

加那：没有 了，谢谢 您。
Méiyou le, xièxie nín.

服务员：不谢。
Búxiè.

第5課

今日の一句

モノ名詞場所にするなら"里""か""上"を 茂

遥控器呢？—在桌子上。
Yáokòngqì ne? —Zài zhuōzi shang.
リモコンは？—テーブルにあります．

「テーブルにある」という答えですが，中国語ではモノ名詞単独では場所を表すことができません．そこで，場所化してやらねばなりません．そのためにはモノ名詞の後に"里"や"上"を添えます．

我的钱包在抽屉里呢。　Wǒ de qiánbāo zài chōuti li ne.
私の財布は引き出しの中にあります．

訳

係員：こちらがお二人の部屋です．
加那：わあ，広い！
係員：こちらがお部屋の鍵(かぎ)です，どこに置きましょうか？
好恵：テーブルに置いてください．

⬇

好恵：テーブルに置いてください．
加那：すみません，このラジオはどうやってつけるのですか？
係員：これがスイッチで，ここが選局用ので，これがボリュームを調節するものです．
加那：ああ，そうですか．
好恵：目覚まし時計はありますか？
係員：ございます，こちらです．もし早起きなさりたいときには，フロントからコールすることもできます．ほかに何かございますか？
加那：ありません，ありがとうございます．
係員：どういたしまして．

単語

【位】wèi　敬意を込めて人を数える量詞．
【钥匙】yàoshi　鍵，キー．
【放】fàng　置く．
【开关】kāiguān　スイッチ．
【选台】xuǎntái　選局する．
【调节音量】tiáojié yīnliàng　音量を調節する．
【闹钟】nàozhōng　目覚まし時計．
【需要】xūyào　必要である．

旅の道連れ フレーズ170

ホテルで……フロントで，部屋で

CD 18

● フロントで

空いている部屋はありますか.
你们有空房间吗？　Nǐmen yǒu kòng fángjiān ma?

予約をしていないのですが，部屋ありますか.
我没有预订，有空房间没有？　Wǒ méiyou yùdìng, yǒu kòng fángjiān méiyou?

スタンダードルームは一日いくらですか.
标准间一天多少钱？　Biāozhǔnjiān yì tiān duōshao qián?

部屋代は一泊いくらですか.
房费一个晚上多少钱？　Fángfèi yí ge wǎnshang duōshao qián?

もう少し安い部屋はありませんか.
有再便宜点儿的房间吗？　Yǒu zài piányi diǎnr de fángjiān ma?

クレジットカードは使えますか.
能用信用卡吗？　Néng yòng xìnyòngkǎ ma?

どこで両替ができますか.
在哪儿能换钱？　Zài nǎr néng huàn qián?

ここは郵便局がありますか.
这里有邮局吗？　Zhèli yǒu yóujú ma?

ビジネスセンターはどこにありますか.
商务中心在哪儿？　Shāngwù zhōngxīn zài nǎr?

貴重品を預けていいですか.
可以寄存贵重物品吗？　Kěyǐ jìcún guìzhòng wùpǐn ma?

部屋を換えてもらえませんか.
我想换个房间行不行？　Wǒ xiǎng huàn ge fángjiān xíng bù xíng?

こちらの部屋ではインターネットを使えますか.
这儿的房间能上网吗？　Zhèr de fángjiān néng shàngwǎng ma?

明日チェックアウト後，荷物をしばらく預かってもらえますか．
我明天退房以后，能不能把东西暂时在这儿寄存一下儿？
Wǒ míngtiān tuìfáng yǐhòu, néng bù néng bǎ dōngxi zànshí zài zhèr jìcún yíxiàr?

部屋のドアが開かないのですが．
我的房间门打不开。　　Wǒ de fángjiān mén dǎbukāi.

● 部屋で

お湯を届けてください．
请给我送一壶开水。　　Qǐng gěi wǒ sòng yì hú kāishuǐ.

モーニングコールのサービスはしてますか．
你们有叫醒服务吗？　　Nǐmen yǒu jiàoxǐng fúwù ma?

FAXを送りたいのですが，どうすればいいですか．
我想发传真，怎么办好？　　Wǒ xiǎng fā chuánzhēn, zěnme bàn hǎo?

浴室のドライヤーがこわれてしまったので，すぐに来てもらえますか．
洗澡间的吹风机坏了，能不能马上过来看看？
Xǐzǎojiān de chuīfēngjī huài le, néng bù néng mǎshàng guòlai kànkan?

いま掃除は結構です．あと1時間したらお願いします．
现在不需要打扫，过一个小时再来。
Xiànzài bù xūyào dǎsǎo, guò yí ge xiǎoshí zài lái.

夜着たい服があるのですが，アイロンをかけてもらえますか．
我有一套衣服晚上要穿，能帮我熨一下儿吗？
Wǒ yǒu yí tào yīfu wǎnshang yào chuān, néng bāng wǒ yùn yíxiàr ma?

トイレがつまってしまったんですが．
厕所堵了。　　Cèsuǒ dǔ le.

関連語句			
鍵，キー		洗濯する	
钥匙	yàoshi	洗衣服	xǐ yīfu
トイレットペーパー		国際電話をかける	
卫生纸	wèishēngzhǐ	打国际电话	dǎ guójì diànhuà
プール		邪魔しないでください	
游泳池	yóuyǒngchí	请勿打扰	qǐng wù dǎrǎo

第六課

電話で予約する

中国人スタッフとの顔合わせのため、ランチを予約しようとします。

CD19 松尾：もしもし，松尾といいますが，予約をお願いしたいのですが……．

店员：请　　您　　用　　中文　　吧。
diànyuán: Qǐng　nín　yòng　Zhōngwén　ba.

松尾：我　　想　　订　　一　　顿　　午饭，　明天　　中午，　一共
　　　Wǒ　xiǎng　dìng　yí　dùn　wǔfàn,　míngtiān　zhōngwǔ,　yígòng

　　　五　　个　　人。
　　　wǔ　ge　rén.

店员：您　　要　　订　　什么　　菜　　呢？
　　　Nín　yào　dìng　shénme　cài　ne?

松尾：要　　有　　天麸罗、　荞麦面　　和　　生鱼片，　其它
　　　Yào　yǒu　tiānfūluó,　qiáomàimiàn　hé　shēngyúpiàn,　qítā

　　　的　　什么　　都　　可以。
　　　de　shénme　dōu　kěyǐ.

第 6 課

訳

松尾：もしもし，松尾といいますが，予約をお願いしたいのですが……．
店員：中国語でお願いします．
松尾：昼食を予約したいのですが，明日のお昼，全部で 5 人です．
店員：どのような料理を予約されたいのですか？
松尾：天ぷらと蕎麦とお刺身があれば，あとは何でもかまいません．

単語

【订】　dìng　予約する．
【顿】　dùn　食事の回数を数える量詞．
【其它】　qítā　その他．
【天麸罗】　tiānfūluó　天ぷら．
【荞麦面】　qiáomàimiàn　日本そば．
【生鱼片】　shēngyúpiàn　刺身．

発音よければ…

yī〔一〕の声調変化

yī + 第 1 声：yìqiān〔一千〕
yī + 第 2 声：yì nián〔一年〕　→ yì（第 4 声に）
yī + 第 3 声：yìbǎi〔一百〕
yī + 第 4 声：yíwàn〔一万〕　→ yí（第 2 声に）

序数を表す時は本来の声調 yī：yīyuè〔一月〕　yī hào〔一号〕
語やフレーズなど，ひとまとまりの単位の最後も本来の声調
　　yī：tǒngyī〔统一〕
従って，11 や 21 などの 2 桁以上の数の末尾では常に第 1 声：
　　shíyī tiān〔十一天〕　èrshiyī zhāng zhuōzi〔二十一张桌子〕
"一个" yí ge の "个" はもともと第 4 声なので，"一" の声調変化が起こる．
　　"一个" yí ge ← yí gè

店员：那 我们 就 看着 给 您 准备 吧。 您
Nà wǒmen jiù kànzhe gěi nín zhǔnbèi ba. nín

打算 一 个 人 按 多少 钱 的 标准？
dǎsuan yí ge rén àn duōshao qián de biāozhǔn?

松尾：嗯， 这 次 是 跟 中国 同事 见面， 算
Ng, zhèi cì shì gēn Zhōngguó tóngshì jiànmiàn, suàn

是 "工作 午餐" 吧。 一 个 人 四百
shì "gōngzuò wǔcān" ba. Yí ge rén sìbǎi

五十 块 怎么样？
wǔshí kuài zěnmeyàng?

店员：我 看 照 四百 二十 块 准备 吧。 要是
Wǒ kàn zhào sìbǎi èrshí kuài zhǔnbèi ba. Yàoshi

不 够 再 添 怎么样？
bú gòu zài tiān zěnmeyàng?

松尾：好 吧， 那 就 四百 二十 块 吧。
Hǎo ba, nà jiù sìbǎi èrshí kuài ba.

店员：你们 大约 几 点钟 到？
Nǐmen dàyuē jǐ diǎnzhōng dào?

松尾：十二 点 半 左右。 拜托 你 了。
Shí'èr diǎn bàn zuǒyòu. Bàituō nǐ le.

店员：好， 等候 您 的 光临。
Hǎo, děnghòu nín de guānglín.

第6課

訳

店員：それではこちらで見つくろってご用意いたしましょう．お1人あたりいくらのご予算ですか？

松尾：うーん，今回は中国人スタッフとの顔合わせで，ビジネスランチというところですから，1人450元ではどうかしら？

店員：420元でご用意しましょう．もし足りなければ追加注文するというのでいかがでしょう？

松尾：そうですね，それでは420元にしましょう．

店員：だいたい何時にいらっしゃいますか？

松尾：12時半ごろです．よろしくお願いします．

店員：かしこまりました，お越しをお待ちしております．

単語

【打算】　dǎsuan　～するつもりだ．
【按】　àn　～に照らして．="照"
【标准】　biāozhǔn　基準，めやす．
【同事】　tóngshì　同僚，スタッフ．
【工作午餐】　gōngzuò wǔcān　ビジネスランチ．
【照】　zhào　～に照らして．
【不够】　bú gòu　足りない，不足だ．
【拜托】　bàituō　お願いする．
【等候】　děnghòu　お待ち申し上げる．
【光临】　guānglín　ご出席，ご来臨．

语法手册

一

您打算一个人按多少钱的标准？
Nín dǎsuan yí ge rén àn duōshao qián de biāozhǔn?
お１人いくらのご予算でお考えですか。

"打算"は「～するつもりだ」という心づもりを表します。

你打算什么时候告诉大家？
Nǐ dǎsuan shénme shíhou gàosu dàjiā?
いつみんなに話すつもりなの。

我打算自己开车去。　　Wǒ dǎsuan zìjǐ kāi chē qù.
自分で車を運転して行くつもりです。

他们打算放暑假去香港玩儿。
Tāmen dǎsuan fàng shǔjià qù Xiānggǎng wánr.
彼らは夏休みになったら香港に遊びに行く予定です。

二

这次是跟中国同事见面。
Zhè cì shì gēn Zhōngguó tóngshì jiànmiàn.
今回は中国側との顔合わせです。

"见面"は動詞"见"＋目的語"面"構造の動詞です。このような動目構造の動詞は一般に後にさらに目的語をとることが困難です。「彼に会う」を"＊见面他"とは言いません（＊印は，そのような言い方はしないことを表す）。同様に，

＊我们约好三点**见面**客人。→
我们约好三点跟客人**见面**。
Wǒmen yuēhǎo sān diǎn gēn kèren jiànmiàn.
私たちは３時に客と会う約束をしている。

第6課

＊他们**散步**公园去了。→
他们到公园**散步**去了。　　Tāmen dào gōngyuán sànbù qù le.
彼らは公園に散歩に行った．

＊搬家时他们**帮忙**我了。→
搬家时他们**帮**我的**忙**了。
Bānjiā shí tāmen bāng wǒ de máng le.
引っ越しのとき，彼らは私を手伝ってくれた．

前の2例は目的語を介詞を使って前に出す〈前置型〉，最後の例は間に目的語をはさむ〈挿入型〉です．

三

我看照四百二十块准备吧。
Wǒ kàn zhào sìbǎi èrshí kuài zhǔnbèi ba.
420元で準備いたしましょう．

"我看"は「私は見る→私は以下のように考える」ということ．
"照"は「～に照らして，～をよりどころにして，～のとおりに」の意味を表す介詞です．

咱们照他画的地图找没错儿。
Zánmen zhào tā huà de dìtú zhǎo méi cuòr.
彼が書いてくれた地図のとおりに行けば間違いないよ．

你们就照我说的办吧。
Nǐmen jiù zhào wǒ shuō de bàn ba.
君たちは私の言うとおりにやりなさい．

照理说这件事应该我来做。
Zhào lǐ shuō zhèi jiàn shì yīnggāi wǒ lái zuò.
どうりから言えば，これは私がすべきことだ．

加那：喂，张平 先生 在 吗？
　　　Wei, Zhāng Píng xiānsheng zài ma?

妹妹：请 您 等 一下，我 去 叫 他。
　　　Qǐng nín děng yíxià, wǒ qù jiào tā.

张平：喂，我 是 张平。
　　　Wei, wǒ shì Zhāng Píng.

加那：我 是 山村 加那，还 记得 我 吗？
　　　Wǒ shì Shāncūn Jiānà, hái jìde wǒ ma?

张平：当然 记得 了。
　　　Dāngrán jìde le.

加那：**明天 晚上 一起 去 吃 烤鸭 怎么样？ 我们**
　　　Míngtiān wǎnshang yìqǐ qù chī kǎoyā zěnmeyàng? Wǒmen
　　　请客 你。
　　　qǐngkè nǐ.

加那：**明天 晚上 一起 去 吃 烤鸭 怎么样？ 我们**
　　　Míngtiān wǎnshang yìqǐ qù chī kǎoyā zěnmeyàng? Wǒmen
　　　请 你。
　　　qǐng nǐ.

张平：让 你们 请客，真 不 好意思。欸，明天
　　　Ràng nǐmen qǐngkè, zhēn bù hǎoyìsi. Ei, míngtiān
　　　白天 你们 打算 去 哪儿 呢？
　　　báitiān nǐmen dǎsuan qù nǎr ne?

加那：我们 要 去 长城。
　　　Wǒmen yào qù Chángchéng.

张平：我 跟 你们 一起 去 吧，我 来 当 导游。
　　　Wǒ gēn nǐmen yìqǐ qù ba, wǒ lái dāng dǎoyóu.

加那：那 太 感谢 你 了。
　　　Nà tài gǎnxiè nǐ le.

第6課

今日の一句

気をつけよう動目構造 後ろに○す 茂

这次是跟中国同事见面。
Zhè cì shì gēn Zhōngguó tóngshì jiànmiàn.
今回は中国側との顔合わせです．

"见面"は動詞"见"＋目的語"面"構造の動詞です．この構造の動詞は一般に後にさらに目的語をとることが困難です．「彼に会う」を"＊见面他"とは言いません．
＊我们约好三点见面客人。→我们约好三点跟客人见面。
　Wǒmen yuēhǎo sān diǎn gēn kèren jiànmiàn.
　私たちは3時に客と会う約束をしている．
＊我们请客你。→我们请你。
　Wǒmen qǐng nǐ.　私たちごちそうしますよ．
"请客"は動目構造の動詞なので，後ろにさらに目的語"你"をとれない．この他，"毕业"bìyè もそうで，「大学を卒業する」は"＊毕业大学"ではなく"大学毕业"と言います．

訳
加那：もしもし，張平さんはいますか？
妹：少々お待ちください，呼んできます．
張平：もしもし，張平です．
加那：私，山村加那です，覚えていますか？
張平：もちろん覚えてますよ．
加那：明日の夜一緒に北京ダックを食べに行きませんか？ごちそうしますよ．
　　　↓
加那：明日の夜一緒に北京ダックを食べに行きませんか？ごちそうしますよ．
張平：あなた方にごちそうしていただくのは，大変申し訳ありませんね．
　　　そうだ，明日，昼はどこに行くつもりですか？
加那：万里の長城に行くつもりです．
張平：一緒に行きましょう，私がガイドになりますよ．
加那：それはありがたいわ．

単語
【记得】jìde　覚えている．　【烤鸭】kǎoyā　アヒルの丸焼き．
【请客】qǐngkè　御招待する，ごちそうする．
【让】ràng　人に～させる．
【不好意思】bù hǎoyìsi　きまりが悪い，恥ずかしい，申し訳ない．
【白天】báitiān　日中，昼間．　【当】dāng　～になる，担当する．
【导游】dǎoyóu　ガイド，案内人．

第七課

ロビーで人に会う

大空さん、ロビーで誰かを見つけたようです．

CD22 大空：您 好！ 在 这儿 碰见 您 了， 真 巧。
　　　　Nín hǎo! Zài zhèr pèngjian nín le, zhēn qiǎo.

张平：您 是……
　　　Nín shì……

大空：我 姓 大空， 您 忘 了， 咱们 在 飞机
　　　Wǒ xìng Dàkōng, nín wàng le, zánmen zài fēijī

　　　上 说过 话。
　　　shang shuōguo huà.

张平：对不起， 我 想起来 了。 大空 先生， 松尾
　　　Duìbuqǐ, wǒ xiǎngqilai le. Dàkōng xiānsheng, Sōngwěi

　　　女士， 你们 好。 你们 住在 这儿 吗？
　　　nǚshì, nǐmen hǎo. Nǐmen zhùzài zhèr ma?

第 7 課

訳

大空：こんにちは，ここでお会いするとは，偶然ですね．
張平：あなたは……？
大空：大空です，お忘れですか，飛行機で話を交わしたでしょ．
張平：失礼しました，思い出しました．大空さん，松尾さん，こんにちは．ここにお泊りですか？

単語

【碰见】 pèngjian 顔を会わせる，偶然に会う．"～见"の形をとるのはほかにも "看见" kànjian, "听见" tīngjian, "闻见" wénjian, "遇见" yùjian, "梦见" mèngjianなどがある．
【真巧】 zhēn qiǎo 実に偶然だ，タイムリーだ．
【飞机上】 fēijī shang 機内．"上"がついて場所化している．日本語は「機内」というが，中国語では"里"ではなく"上"をつける．

発音よければ…

j, q, x, y の後は「すぼめの ü」しかこない

jīngjù〔京剧〕 qù〔去〕 xué〔学〕 yuǎn〔远〕

これらのuはすべて「すぼめのü」．
ところがlやnの後には「突き出しのu」も「すぼめのü」も来る．従ってuかüか明示する．

zǒulù〔走路〕　　lǚyóu〔旅游〕
nǔlì〔努力〕　　　nǚpéngyou〔女朋友〕

松尾：对， 您 在 等 人？
　　　Duì, nín zài děng rén?

张平：我 的 朋友 也 住在 这儿， 我们 约好
　　　Wǒ de péngyou yě zhùzài zhèr, wǒmen yuēhǎo

　　　今天 晚上 七 点 去 看 京剧。
　　　jīntiān wǎnshang qī diǎn qù kàn jīngjù.

大空：对 了， 您 上 次 说 的 那 家 有名
　　　Duì le, nín shàng cì shuō de nèi jiā yǒumíng

　　　的 烤肉店， 离 这儿 远 吗？
　　　de kǎoròudiàn, lí zhèr yuǎn ma?

张平：很 近， 走 十 分钟 就 能 到， 就 是
　　　Hěn jìn, zǒu shí fēnzhōng jiù néng dào, jiù shì

　　　不 太 好找。 什么 时候 我 带 你们 去。
　　　bú tài hǎozhǎo. Shénme shíhou wǒ dài nǐmen qù.

松尾：那 就 拜托 您 了。
　　　Nà jiù bàituō nín le.

张平：没 问题。
　　　Méi wèntí.

第7課

訳

松尾：ええ，あなたはだれかを待っているのですか？

張平：私の友達もここに泊っているのです．今日の夜7時，京劇を見に行く約束をしているものですから．

大空：そうそう，前におっしゃってた例の有名な焼肉屋はここから遠いのですか？

張平：近いですよ，10分も歩けば着きます．ただちょっとわかりにくいところにあるのですよ．いつかあなた方をお連れしますよ．

松尾：それでは是非お願いします．

張平：おまかせください．

単語

【约好】　yuēhǎo　会う約束をしている．

【上次】　shàng cì　前回，この間．"下次" xià cì なら「次回」，"这次" zhè cì なら「今回」．

【烤肉店】　kǎoròudiàn　焼き肉店．

【就是】　jiù shì　ただ〜，ただし．

【好找】　hǎozhǎo　探しやすい，見つけやすい．

【拜托】　bàituō　依頼する．お任せする．

语法手册

一

我们约好今天晚上七点去看京剧。
Wǒmen yuēhǎo jīntiān wǎnshang qī diǎn qù kàn jīngjù.
私たちは今日の夜7時に京劇を見に行く約束をしているのです．

　　私たちは「午前，午後」という言い方で，あらゆる時間を表すことができると思っていますが，中国語では日常の話し言葉では「午後7時」とか「午前7時」とは言いません．それぞれ"晚上"wǎnshang（夜，晩）と"早上"zǎoshang（朝）を使います．

　　＊下午七点　→　晚上七点　　wǎnshang qī diǎn
　　＊上午七点　→　早上七点　　zǎoshang qī diǎn

　　他にも"半夜"bànyè（夜中）や"凌晨"língchén（明け方）といった表現も心得ておきましょう．

　　会议一直开到半夜12点。　　Huìyì yìzhí kāidào bànyè shí'èr diǎn.
　　会議は夜中の12時までずっと続いた．

　　我们明天凌晨4点出发。
　　Wǒmen míngtiān língchén sì diǎn chūfā.
　　我々は明日の明け方4時に出発する．

二

很近，走十分钟就能到，就是不太好找。
Hěn jìn, zǒu shí fēnzhōng jiù néng dào, jiù shì bú tài hǎozhǎo.
近いですよ，10分も歩けば着きます，ただちょっとわかりにくいところにあるのですよ．

　　"就"の使い方は多様です．ここでは"就是"の形による「ただし書き」の言い方を学びます．

第 7 課

东西很好，就是太贵。　　Dōngxi hěn hǎo, jiù shì tài guì.
モノはいい，しかし値段が高すぎる．

样子我很喜欢，就是颜色不太满意。
Yàngzi wǒ hěn xǐhuan, jiù shì yánsè bú tài mǎnyì.
デザインは好みに合うが，色があまり気に入らない．

日本菜基本上没问题，就是不爱吃生鸡蛋。
Rìběncài jīběn shang méi wèntí, jiù shì bú ài chī shēng jīdàn.
日本料理は基本的には大丈夫です，でも生卵はだめです．

"爱吃"は「好きでよく食べる」こと，その否定"不爱吃"は「あまり食べない」．

三　什么时候我带你们去。
Shénme shíhou wǒ dài nǐmen qù.
いつか私があなた方をお連れしますよ．

疑問詞があっても，必ずしも疑問を表すとは限りません．そういうケースの1つで，不定を表す場合です．疑問詞により「いつか／どこか／だれか」などと訳されます．

咱们上哪儿喝杯茶休息休息吧。
Zánmen shàng nǎr hē bēi chá xiūxixiūxi ba.
私たちどこかに行ってお茶を飲んで休憩しましょう．

你找谁问一问。　　Nǐ zhǎo shéi wènyiwèn.
だれかつかまえて聞いてみたら．

我春节想回几天家。　　Wǒ Chūnjié xiǎng huí jǐ tiān jiā.
春節に何日か家に帰ろうかと考えています．

文法 奥の細道

CD24 好惠：我 想 要 一 辆 车。
　　　　　Wǒ xiǎng yào yí liàng chē.

服务员：什么 时候？ 您 贵姓？
　　　　Shénme shíhou? Nín guìxìng?

好惠：**我 姓 太田，住在 ５０３ 号 房间。**
　　　Wǒ xìng Tàitián, zhùzài wǔ líng sān hào fángjiān.

明天 上午 六 点 半。
Míngtiān shàngwǔ liù diǎn bàn.

【添削】

好惠：**我 姓 太田，住在 ５０３ 号 房间。**
　　　Wǒ xìng Tàitián, zhùzài wǔ líng sān hào fángjiān.

明天 早上 六 点 半。
Míngtiān zǎoshang liù diǎn bàn.

服务员：好， 您 放心 吧， 没 问题。
　　　　Hǎo, nín fàngxīn ba, Méi wèntí.

好惠：那 到时 我们 在 门口 去 等着 就 行
　　　Nà dàoshí wǒmen zài ménkǒu qù děngzhe jiù xíng

了， 是 吧？
le, shì ba?

服务员：对， 要是 找不到 的 话， 您 跟 我们
　　　　Duì, yàoshi zhǎobudào de huà, nín gēn wǒmen

服务台 说 一 声。
fúwùtái shuō yì shēng.

好惠：好，那 就 拜托 您 了。
　　　Hǎo, nà jiù bàituō nín le.

服务员：不 客气。
　　　　Bú kèqi.

第7課

今日の一句

朝夕は午前午後より"早""晩上"

我们约好今天晚上七点去看京剧。
Wǒmen yuēhǎo jīntiān wǎnshang qī diǎn qù kàn jīngjù.
私たちは今日の夜7時に，京劇を見に行く約束をしているのです．

　中国語ではふつうのおしゃべりでは「午後7時」とか「午前7時」とは言いません．それぞれ"晚上"wǎnshang（夜,晚）と"早上"zǎoshang（朝）を使います．
　＊下午七点 → 晚上七点　wǎnshang qī diǎn
　＊上午七点 → 早上七点　zǎoshang qī diǎn
「お昼の12時」は"中午12点"zhōngwǔ shí'èr diǎnです．

好恵：タクシーを一台お願いしたいのですが．
係員：いつのご利用ですか．お名前は？
好恵：太田といいます，503号室に泊まっている．あすの午前6時半です．

⬇

好恵：太田といいます，503号室に泊まっている．あすの朝6時半です．
係員：わかりました，ご安心ください，大丈夫ですよ．
好恵：ではその時になって玄関のところで待っていればいいのですね．
係員：そうです．もし見つからないようでしたら，私どもフロントに声をかけてください．
好恵：わかりました，ではご面倒おかけします．
係員：どういたしまして．

【放心】fàngxīn　安心する．
【到时】dàoshí　その時になって．
【门口】ménkǒu　入り口，玄関．
【找不到】zhǎobudào　探し当てられない，見つけられない．
【说一声】shuō yì shēng　一声かける．

第八課

ホテルのカフェで

カフェで山村さん，太田さん，張平さんと今度の食事の相談です．

CD25 张平：松尾 女士， 您 好。
　　　　Sōngwěi nǚshì, nín hǎo.

松尾：您 好，你们 也 来 喝 咖啡 吗？一起
　　　Nín hǎo, nǐmen yě lái hē kāfēi ma? Yìqǐ
　　　坐 怎么样？ 这 二 位 是……？
　　　zuò zěnmeyàng? Zhè èr wèi shì……?

加那：我 姓 山村， 她 是 太田， 我们 是
　　　Wǒ xìng Shāncūn, tā shì Tàitián, wǒmen shì
　　　日本人。
　　　Rìběnrén.

大空：我 姓 大空， 你们 也 住 这儿？
　　　Wǒ xìng Dàkōng, nǐmen yě zhù zhèr?

好惠：对， 我们 来 旅游， 打算 住 5 天。
　　　Duì, wǒmen lái lǚyóu, dǎsuan zhù wǔ tiān.

第8課

訳

張平：松尾さん，こんばんは．
松尾：こんばんは，あなた方もコーヒーを飲みにきたの？こちらのお2人は……？
加那：山村といいます，彼女は太田です，私たちは日本人です．
大空：大空です，君たちもここに泊っているの？
好恵：はい，私たちは観光で，5日間宿泊する予定です．

単語

【咖啡】　kāfēi　コーヒー．日本では「珈琲」と書く．
【一起】　yìqǐ　一緒に．
【二位】　èr wèi　目の前にいる聞き手に対して使う．"两位"よりも丁寧な言い方．
【旅游】　lǚyóu　観光する．旅行する．

発音よければ…

またしても消える e

uen の前に子音がつくと，まん中の母音 e が省略されて綴られます．

c + uen → cuen となるはずが，
　　　　　→ cun 〈消える e〉

Shāncūn〔山村〕山村　　tǎolùn〔讨论〕討論　　chūntiān〔春天〕春

実際の発音ではこれらの〈消える e〉を少し響かせるのがコツ．

张平：松尾 女士， 上 次 说 的 那 家 烤肉店，
Sōngwěi nǚshì, shàng cì shuō de nèi jiā kǎoròudiàn,

她们 说 也 想 去， 明天 中午 怎么样？
tāmen shuō yě xiǎng qù, míngtiān zhōngwǔ zěnmeyàng?

松尾：您 等等。 啊， 明天 中午 我们 有 事儿，
Nín děngdeng. A, míngtiān zhōngwǔ wǒmen yǒu shìr,

对不起。
duìbuqǐ.

张平：没 关系。 改天 再 去 吧。
Méi guānxi. Gǎitiān zài qù ba.

大空：你们 去过 圆明园 吗？
Nǐmen qùguo Yuánmíngyuán ma?

好惠：这 两 天 很 忙， 还 没 去 呢。 我们
Zhè liǎng tiān hěn máng, hái méi qù ne. Wǒmen

想 这 星期六 去。
xiǎng zhè xīngqīliù qù.

大空：咱们 一起 去 吧， 租 一 辆 车 就 够 了。
Zánmen yìqǐ qù ba, zū yí liàng chē jiù gòu le.

加那：咱们 还是 用 日语 说话 吧。
Zánmen háishi yòng Rìyǔ shuōhuà ba.

松尾：别 呀，"入 乡 随 俗"， 这样 还 可以
Bié ya, "rù xiāng suí sú", zhèyàng hái kěyǐ

提高 汉语 水平。
tígāo Hànyǔ shuǐpíng.

第8課

訳

張平：松尾さん，前にお話しした焼肉屋ですが，彼女たちも行きたいというのですが，明日のお昼はどうでしょう？

松尾：ちょっと待ってね．あ，明日のお昼は用事が入っているわ，ごめんなさい．

張平：いいですよ，また日を改めて行きましょう．

大空：圓明園には行きましたか？

好恵：ここ数日忙しくて，まだ行ってないんです．土曜日に行こうと考えています．

大空：一緒に行きませんか，タクシーを1台頼めば充分でしょう．

加那：私たちやっぱり日本語で話しませんか．

松尾：だめよ，「郷に入っては郷に従え」よ，それにこうすると中国語の力もつくでしょ．

単語

【家】　jiā　お店を数える量詞．
【中午】　zhōngwǔ　お昼，昼の12時ごろ．
【改天】　gǎitiān　日を改めて．
【圓明園】　Yuánmíngyuán　圓明園．北京の北西にある庭園．
【租】　zū　お金を払って貸し借りする，レンタルする．
【入乡随俗】　rù xiāng suí sú　郷に入っては郷に従え．
【水平】　shuǐpíng　レベル，水準．

语法手册

一

改天再去吧。
Gǎitiān zài qù ba.
日を改めて行くことにしましょう。

"再"に注意します。本文ではまだ例の"烤肉店"には一度も行っていないのですから、この"再"は「再び」の意味ではありません。ある事態になって、「それから～」という用法の"再"です。

今天已经关门了，明天再去吧。
Jīntiān yǐjing guānmén le, míngtiān zài qù ba.
今日はもう閉まっているから、明日行きましょう。

先打电话联系好了再去。　Xiān dǎ diànhuà liánxìhǎo le zài qù.
まず電話をかけて連絡して、それから行こう。

等人家说完你再说。　Děng rénjia shuōwán nǐ zài shuō.
人の話が終わってから話しなさい。

二

这两天很忙，还没去呢。
Zhè liǎng tiān hěn máng, hái méi qù ne.
ここ数日とても忙しかったので、まだ行っていません。

日本語は「忙しかった」と「夕」をつけて過去形にしますが、中国語は過去のことでも形容詞に"了"をつけて過去形にすることはありません。

昨天很热。　Zuótiān hěn rè.　昨日はとても暑かった。

もし、"了"をつけると、新たな変化を表します。

肉便宜了。　Ròu piányi le.
（昨日までは安くなかったのに、今日は）お肉の値段が安くなった。

第8課

以下は"了"をつけない例です。日本語訳と見比べてください。

去年见到他时他很瘦。　　Qùnián jiàndào tā shí tā hěn shòu.
去年会ったとき，彼はとても瘦せていた。

别看他现在这么老实，小时候非常淘气。
Bié kàn tā xiànzài zhème lǎoshi, xiǎo shíhou fēicháng táoqì.
彼は今こんなにおとなしいけど，子供のときはとてもいたずらっ子だったんだから。

三

咱们一起去吧，租一辆车就够了。
Zánmen yìqǐ qù ba, zū yí liàng chē jiù gòu le.
私たち一緒に行きませんか，タクシーを１台頼めば充分でしょう。

前にある事柄を述べ，それを"就~了"で受け「それでもういい／十分だ／OKだ／結構だ」という話し手の気持ちを述べる表現で，応用範囲の広い言い方です。

你不愿意借就算了，我不勉强。
Nǐ bú yuànyi jiè jiù suàn le, wǒ bù miǎnqiǎng.
貸したくないのならそれで結構，無理にとは言いませんから。

你知道就得了，别再跟别人说了。
Nǐ zhīdao jiù dé le, bié zài gēn biéren shuō le.
知っているのならそれでいい，でもほかの人には言わないように。

提前十分钟到就可以了，不用来得太早。
Tíqián shí fēnzhōng dào jiù kěyǐ le, búyòng láide tài zǎo.
10分早めに来れば充分ですよ，やたら早く来ることはありません。

文法 奥の細道

张平：还 有 什么 要 问 吗？
　　　Hái yǒu shénme yào wèn ma?

加那：现在 没有 了。不过 明天 又 会 有 好多。
　　　Xiànzài méiyou le. Búguò míngtiān yòu huì yǒu hǎoduō.

张平：你们 喜欢 看 中国 电影 吗？
　　　Nǐmen xǐhuan kàn Zhōngguó diànyǐng ma?

好惠：喜欢。去年 看 的《霸王 别 姬》很 有 意思 了。
　　　Xǐhuan. Qùnián kàn de «Bàwáng bié jī» hěn yǒu yìsi le.

添削

好惠：喜欢。去年 看 的《霸王 别 姬》很 有 意思。
　　　Xǐhuan. Qùnián kàn de «Bàwáng bié jī» hěn yǒu yìsi.

张平：我 这儿 有 两 张 电影票，明天 晚上 的。
　　　Wǒ zhèr yǒu liǎng zhāng diànyǐngpiào, míngtiān wǎnshang de.

　　　你们 去 看 吗？
　　　Nǐmen qù kàn ma?

加那：我 想 去 看。好惠，你 呢？
　　　Wǒ xiǎng qù kàn. Hǎohuì, nǐ ne?

好惠：我 也 想 去。张平，你 也 去 吗？
　　　Wǒ yě xiǎng qù. Zhāng Píng, nǐ yě qù ma?

张平：我 有 点儿 事情 要 办。我 妹妹 去，
　　　Wǒ yǒu diǎnr shìqing yào bàn. Wǒ mèimei qù,

　　　你们 跟 她 一块儿 去 吧。
　　　nǐmen gēn tā yíkuàir qù ba.

第8課

今日の一句

形容詞昨日のことでも"了"は要らぬ　茂

这两天很忙，还没去呢。
Zhè liǎng tiān hěn máng, hái méi qù ne.
ここ数日とても忙しかったので，まだ行っていません．

日本語は「忙しかった」と「タ」をつけて過去形にしますが，中国語は，過去のことでも形容詞に"了"をつけて過去形にすることはありません．

　　昨天很热。　Zuótiān hěn rè.　　昨日はとても暑かった．
　　啊，真好吃。　A, zhēn hǎochī.　　ああ，おいしかった．
もし"了"をつけると，新たな変化を表します．
　　肉便宜了。　Ròu piányi le.
　　（昨日までは安くなかったのに，今日は）お肉の値段が安くなった．

訳

張平：ほかに聞きたいことはありませんか？
加那：今はありません．でも明日になったらきっとまたたくさん出てくるわ．
張平：お2人は中国映画は好きですか？
好恵：好きです．去年見た「覇王別姫」はとても面白かったです．

　　　　　　↓

好恵：好きです．去年見た「覇王別姫」はとても面白かったです．
張平：映画のチケットが2枚あるんだけど，明日の夜の．見に行きますか？
加那：見に行きたいです．好恵，あなたは？
好恵：私も行きたいです．張平さんも行くのですか？
張平：僕はちょっと用事があるので．ぼくの妹が行くから，彼女と一緒に行ったらどう．

単語

【不过】búguò　しかし．でも．
【会】huì　～のはずだ，可能性がある．
【好多】hǎoduō　たくさんの．多くの．
《霸王别姬》《Bàwáng bié jī》「覇王別姫」（映画名）．
【有意思】yǒu yìsi　おもしろい．

"对不起", "谢谢"
duìbuqǐ　　　　　　xièxie
「すみません」と「ありがとう」

　"对不起"は人に謝るときに使う言葉です．普通「すみません」と訳していますが，日本語の「すみません」は"对不起"よりも使用範囲が広いようです．例えば人から消しゴムを貸してもらった時「どうもすみません」と言いますが，これは謝っているというより感謝しているわけですから，"谢谢"です．電車で席を譲ってもらった，これも"对不起"（すみません）ではなく"谢谢"（ありがとう）です．

　第3課では，強引に"黑车"（もぐりのタクシー）をすすめられて「すみません，要りません」と断る場面がありました．私たちなら「すみません」を使うところ，中国語では

　　"谢谢，不用."

と"谢谢"です．まさに，英語の*No thank you*．です．機内で「お飲み物はいかがですか」と聞かれて，「結構です，要りません」と断るときも，

　　"谢谢，不要."

私たちはこの"谢谢"の一言を忘れがちです．

　"谢谢"を使わない反面，私たちはどうも"对不起"の方をよく口にするようです．例えばお店で，「すみません，これいくらですか」と値段を聞くときも

　　"对不起，这个多少钱？"

などと言ってしまいそうですが，これも変ですね．

「すみませんが，お名前は？」と言うときも

　　"对不起，您贵姓？"

と，"对不起"を使うのは不自然です．名前を聞くのも，別に謝っているわけでありません．上の2例，どちらも"请问" qǐngwèn で十分です．

　ホテルのフロントなどでものをたずねる時も，よく「すみません」と言います．英語でなら*Excuse me*です．このような聞き手の注意を促す時のセリフとしても"对不起"はふさわしくありません．こういう時は"请问"あるいは"先生"，"服务员"などと言って呼びかけることになります．

入乡随俗

rù xiāng suí sú
ところ変われば

　ところ変われば，ことばが変わるのはもちろん，習慣や考え方も変わります．

　ことばの面では日本語には，「いただきます」「いってきます」から「ただいま」「おやすみなさい」まで，いわゆる定型のあいさつ語が豊富ですが，中国語ではそれほど発達していないので，上のような表現はちょっと中国語に訳しにくいという事情があります．

　日本人は長く畳に座る生活をしてきましたが，中国は昔から「イスにベッド」の生活です．日本も最近はずいぶん洋風になりました．しかし，部屋に入るときは相変わらず靴を脱いでいます．これには中国の人はちょっと驚くようです．立派なマンションの一室，でも中に入るときは靴を脱ぐ．生活の一番基本のところでは昔ながらの暮らしぶりです．どちらが良いというのではなく"入乡随俗"，日本では中国の方，やはり靴を脱いでください．

　脱ぐといえば，ちょっと寒い日など，中国人留学生はコートを脱がずに授業を受けます．大教室ならともかく，10数人のゼミなどでもそうですから少々気になります．かつて中国から赴任してこられた先生を学長室に案内したとき，学長と会って握手を交わす段になってもオーバーを着たままなので，少なからず慌てました．日本では，人の家の玄関の外でコートを脱ぎますが，中国の寒い北方では，部屋でコートはそう珍しくないようです．

　もう1つ，ご承知のように中国人に割り勘の習慣はありません．どちらかがおごるのが原則ですから，日本で「ちょっとお茶でも」と喫茶店にさそわれて，いざ勘定を払うときになって割り勘では，だまされたような気持ちになるのも理解できます．中国では声をかけたほうがおごる習慣です．

　ソバを音を立ててすすったりするのも，極めて日本的です．そもそも音をたててものを食べることが許されるのは，日本でもソバぐらいかもしれませんが，ここはやはり"入乡随俗"，大目にみていただきたいと思います．

旅の道連れ フレーズ170

電話で予約……カフェで

●電話で予約

今晩そちらで食事を予約したいのですが.
我想今天晚上在你们那儿订个位子。
Wǒ xiǎng jīntiān wǎnshang zài nǐmen nàr dìng ge wèizi.

6時半で，4名です.
6点半，4个人。　Liù diǎn bàn, sì ge rén.

個室はありますか.
有包间吗？　Yǒu bāojiān ma?

コース料理はありますか.
有套餐吗？　Yǒu tàocān ma?

350元のコースをお願いします.
我想订三百五的套餐。　Wǒ xiǎng dìng sānbǎi wǔ de tàocān.

1人300元で，飲み物は別で.
按每人300元的标准，酒水另算。
Àn měirén sānbǎi yuán de biāozhǔn, jiǔshuǐ lìngsuàn.

とりあえず席を予約します．注文はそちらに着いてから.
我想先把座位订了，去了以后再点菜。
Wǒ xiǎng xiān bǎ zuòwei dìng le, qùle yǐhòu zài diǎncài.

個室は別料金がかかりますか.
包间收服务费吗？　Bāojiān shōu fúwùfèi ma?

カラオケができますか.
能不能唱卡拉OK？　Néng bù néng chàng kǎlāOK?

いま予約した個室をキャンセルしたいのですが.
请取消我刚才预约的包间。　Qǐng qǔxiāo wǒ gāngcái yùyuē de bāojiān.

● カフェで

何時までやってますか．
你们几点关门？　　Nǐmen jǐ diǎn guānmén?

どんなお茶がありますか．
有什么茶？　　Yǒu shénme chá?

ジャスミン茶をください．
我要花茶。　　Wǒ yào huāchá.

オレンジジュースをください．
请给我一杯橘子汁。　　Qǐng gěi wǒ yì bēi júzizhī.

ホットミルクありますか．
有没有热的牛奶？　　Yǒu méiyou rè de niúnǎi?

コーヒーをください．
来杯咖啡。　　Lái bēi kāfēi.

コーラをください．
我要可乐。　　Wǒ yào kělè.

ミネラルウォーターはありますか．
有矿泉水吗？　　Yǒu kuàngquánshuǐ ma?

アイスクリームはありますか．
有冰激凌吗？　　Yǒu bīngjilíng ma?

今晩何かショーがありますか．
请问，今天晚上有没有什么表演？
Qǐngwèn, jīntiān wǎnshang yǒu méiyou shénme biǎoyǎn?

すみませんがストローください．
请给我拿个吸管儿。　　Qǐng gěi wǒ ná ge xīguǎnr.

ここは何時にオープンですか．
这里几点开门？　　Zhèli jǐ diǎn kāimén?

関連語句			
ウーロン茶		灰皿	
乌龙茶	wūlóngchá	烟灰缸	yānhuīgāng
トマトジュース		割り勘にする	
番茄汁	fānqiézhī	各付各的	gè fù gè de
グレープフルーツジュース		ブランデー	
柚子汁	yòuzizhī	白兰地	báilándì

第九課

ビジネスランチをとる

中国人スタッフと日本料理店で顔合わせです．

CD29 松尾：我　姓　松尾，　今天　　中午　　我们　在　　这儿
　　　　　Wǒ　xìng　Sōngwěi,　jīntiān　zhōngwǔ　wǒmen　zài　zhèr

　　　　订了　一　顿　　午饭。
　　　　dìngle　yí　dùn　wǔfàn.

服务员：松尾　女士，　一共　　五　位，　对　吧。请。
　　　　　Sōngwěi　nǚshì,　yígòng　wǔ　wèi,　duì　ba.　Qǐng.

大空：刘　先生，　　宋　　女士，　请，　请。
　　　　Liú　xiānsheng,　Sòng　nǚshì,　qǐng,　qǐng.

松尾：这　是　一　顿　　很　　简单　　的　工作　　午餐，
　　　　Zhè　shì　yí　dùn　hěn　jiǎndān　de　gōngzuò　wǔcān,

　　　　日本菜，　不　知　合　不　合口。
　　　　Rìběncài,　bù　zhī　hé　bù　hékǒu.

第 9 課

訳

松尾：松尾といいますが，今日のお昼，ここでランチを予約しているのですが．
店員：松尾様，5名様ですね，どうぞ．
大空：劉さん，宋さん，どうぞどうぞ．
松尾：軽いビジネスランチです．日本料理がお口に合いますかどうか．

単語

【訂】　dìng　予約する．
【頓】　dùn　食事の回数を数える量詞．
【合口】　hékǒu　口に合う．「口ニ合ウ」という動詞・目的語構造なので反復疑問では"合不合口"のようになる．例えば"想家"xiǎng jiā（家が恋しい）も"想不想家"など．

発音よければ…

第3声の変調

你好　nǐ hǎo → ní hǎo
很简单　hěn jiǎndān → hén jiǎndān

意味や音の切れ目のあるところでは変化しないことが多い．

你家有几口人？　Nǐ jiā yǒu | jǐ kǒu rén?
　　　　　　→ Nǐ jiā yǒu | jǐ kǒu rén?

CD30 刘 主任：日本菜 比较 清淡，现在 在 北京 也
Liú zhǔrèn: Rìběncài bǐjiào qīngdàn, xiànzài zài Běijīng yě

挺 受 欢迎 的。
tǐng shòu huānyíng de.

大空：在 日本，我们 在 外边儿 不 怎么 吃
Zài Rìběn, wǒmen zài wàibianr bù zěnme chī

日本菜，经常 吃 中国菜。
Rìběncài, jīngcháng chī Zhōngguócài.

刘 主任：我 吃过 日本 的 寿司，觉得 挺 好吃
Wǒ chīguo Rìběn de shòusī, juéde tǐng hǎochī

的。
de.

宋 科长：在 日本 你们 常 去 外边儿 吃饭 吗？
Sòng kēzhǎng: Zài Rìběn nǐmen cháng qù wàibianr chīfàn ma?

松尾：对，下了 班 同事们 经常 一起 去
Duì, xiàle bān tóngshìmen jīngcháng yìqǐ qù

吃饭。
chīfàn.

大空：但是 松尾 部长 从来 不 跟 我 单独
Dànshì Sōngwěi bùzhǎng cónglái bù gēn wǒ dāndú

去 吃饭。
qù chīfàn.

第9課

訳

劉主任：日本料理はどちらかというとあっさりしていますね．いま北京でも結構評判がいいですよ．

大空：日本じゃ，私たち外ではあまり日本料理を食べません．しょっちゅう中華を食べていますよ．

劉主任：私は日本のお寿司を食べたことがありますが，なかなかおいしいと思いました．

宋課長：日本では皆さんよく外食なさるんですか．

松尾：ええ，仕事が終わると，同僚どうしよく一緒に食事にゆきます．

大空：でも，松尾部長は私と2人だけで食べに出たことがこれまで一度もないんですよ．

単語

【清淡】 qīngdàn　あっさりしている．

【挺】 tǐng　なかなか，結構．

【不怎么】 bù zěnme　さほど～でない．

【寿司】 shòusī　寿司．

【下班】 xià bān　会社がひける．退勤する．「出勤する」は"上班"shàng bān．

【从来】 cónglái　これまで．後によく否定の語が続く．

【単独】 dāndú　単独で．他と切り離して．

语法手册

一

我们在外边儿不怎么吃日本菜，经常吃中国菜。
Wǒmen zài wàibianr bù zěnme chī Rìběncài, jīngcháng chī Zhōngguócài.
私たちは外ではあまり日本料理を食べません，よく
中華を食べます．

　"不吃日本菜"なら「日本料理を食べない」ですが"不怎么吃日本菜"とすると「あまり食べない」となります．数回は食べたことがあるという感じで，語気がやわらかくなります．"怎么"を入れると「さほど，それほど～でない」と否定に程度が加味されます．"不好"は「よくない」ですが，"不怎么好"は「それほどよくない」と婉曲なもの言いになります．

　今天不怎么冷，不用穿大衣。
　Jīntiān bù zěnme lěng, búyòng chuān dàyī.
　今日はそれほど寒くないから，コートを着るまでもない．

　刚来日本，还不怎么熟悉日本的情况。
　Gāng lái Rìběn, hái bù zěnme shúxī Rìběn de qíngkuàng.
　日本に来たばかりで，まだあまり日本のことが分からない．

　这个菜不怎么辣。　Zhèige cài bù zěnme là.
　この料理はそんなに辛くない．

二

但是松尾部长从来不跟我单独去吃饭。
Dànshì Sōngwěi bùzhǎng cónglái bù gēn wǒ dāndú qù chīfàn.
でも，松尾部長は私と２人だけで食べに出たことは
これまで一度もないんですよ．

1)"从来"があれば多く後に否定の言葉が続きます．以下，これと同傾向の副詞をあげておきます．

第9課

我**并**不爱吃法国菜。　Wǒ bìng bú ài chī Fǎguócài.
私は別にフランス料理が好きなわけではない.

这件事我**根本**没听说过。
Zhèi jiàn shì wǒ gēnběn méi tīngshuōguo.
この件は私はまったく聞いたことがありません.

他明天**恐怕**不能来。　Tā míngtiān kǒngpà bù néng lái.
彼は明日おそらく来られないでしょう.

他**再也**不说话了。　Tā zài yě bù shuōhuà le.
彼は2度と口を開かなかった.

2) この構文ではもう一つ,"跟～"のような前置詞フレーズがあるとき,否定辞"不""没""别"などとの前後関係に注意しましょう.次はいずれも前置詞フレーズの前に否定の語がくる例です.

我平时不从这边儿走。　Wǒ píngshí bù cóng zhèibianr zǒu.
私はふだんここを通って行くことはありません.

我还没给他提过意见。　Wǒ hái méi gěi tā tíguo yìjian.
私は彼に意見したことはありません.

别跟孩子发脾气。　Bié gēn háizi fā píqi.
子どもに当たらないで.

しかし,述語が静態性のもの(形容詞や"有"など動きのないもの)の場合は,前置詞フレーズの後,述語の前に否定辞がおかれます.

我家离这儿不远。　Wǒ jiā lí zhèr bù yuǎn.
家はここから遠くありません.

你的跟我的不一样。　Nǐ de gēn wǒ de bù yíyàng.
君のは僕のと違う.

文法 奥の細道

好惠：张平，我们自己点一次试试，你别说话。
Zhāng Píng, wǒmen zìjǐ diǎn yí cì shìshi, nǐ bié shuōhuà.

张平：好，我不说话。
Hǎo, wǒ bù shuōhuà.

加那：要是点错了，请多包涵。
Yàoshi diǎncuò le, qǐng duō bāohan.

好惠：**咱们还用汉语没点过菜呢。**
Zánmen hái yòng Hànyǔ méi diǎnguo cài ne.

【添削】

好惠：**咱们还没用汉语点过菜呢。**
Zánmen hái méi yòng Hànyǔ diǎnguo cài ne.

加那：还是把要点的菜先写一下吧。
Háishi bǎ yào diǎn de cài xiān xiě yíxià ba.

好惠：你看，我昨天就写好了。
Nǐ kàn, wǒ zuótiān jiù xiěhǎo le.

加那：噢，昨天你看的菜单就是这个店的呀！
O, zuótiān nǐ kàn de càidān jiù shì zhèige diàn de ya!

张平：难怪您一定要到这儿来。
Nánguài nín yídìng yào dào zhèr lái.

好惠：小姐，我们点菜。
Xiǎojie, wǒmen diǎn cài.

第9課

今日の一句：介詞句や否定はどこに入るやら　茂

但是松尾部长从来不跟我单独去吃饭。
Dànshì Sōngwěi bùzhǎng cónglái bù gēn wǒ dāndú qù chīfàn.
でも、松尾部長は、私と2人だけで食べに出たことが、これまで一度もないんですよ。

"跟～"のような介詞フレーズ，つまり前置詞句があるときは，否定辞"不""没""别"などがどこに入るかに注意します．次は前置詞句の前に否定が来る例です．
　我还没给他提过意见。　Wǒ hái méi gěi tā tíguo yìjian.
　私は彼に意見したことがありません．
しかし，述語が静態性の場合は，述語の前に否定辞が置かれます．
　我家离这儿不远。　Wǒ jiā lí zhèr bù yuǎn.
　家はここから遠くありません．

好恵：張平さん、私たち一度自分で注文してみるから、あなた黙っていてね．
張平：はい、何もいいませんよ．
加那：もし間違って注文しちゃったら許してね．
好恵：私たち、まだ中国語で食事の注文をしたことがないものね．

↓

好恵：私たち、まだ中国語で食事の注文をしたことがないものね．
加那：やっぱり注文するものを先に書いておこうよ．
好恵：見て見て、昨日ちゃんと書いておいたのよ．
加那：あー、昨日好恵が見ていたメニューは、ここのだったの！
張平：どうりでどうしてもここにすると言い張ったわけだ．
好恵：すみませーん、注文お願いします．

単語

【请多包涵】qǐng duō bāohan　どうぞお許しください．
【点菜】diǎn cài　料理を注文する．
【菜单】càidān　メニュー．
【难怪】nánguài　～なのも無理はない．どうりで～なわけだ．

第十課

食事を注文する

大空さん，松尾部長との初めての食事です．

CD32 服务员1：欢迎 光临， 二 位 来 点儿 什么？
　　　　　　　Huānyíng guānglín, èr wèi lái diǎnr shénme?

　　大空：来 一 个 炒素菜， 再 来 两 份儿
　　　　　Lái yí ge chǎosùcài, zài lái liǎng fènr

　　　　　日本 海鲜 炒面。
　　　　　Rìběn hǎixiān chǎomiàn.

服务员1：面， 一 份儿 有 这么 大 一 盘儿，
　　　　　Miàn, yí fènr yǒu zhème dà yì pánr,

　　　　　你们 可能 吃不了， 要 一 份儿 就 够
　　　　　nǐmen kěnéng chībuliǎo, yào yí fènr jiù gòu

　　　　　了 吧。
　　　　　le ba.

　　松尾：那 就 要 一 份儿 吧。
　　　　　Nà jiù yào yí fènr ba.

服务员1：你们 也 是 从 日本 来 的 吧。
　　　　　Nǐmen yě shì cóng Rìběn lái de ba.

第10課

訳

店員1：いらっしゃいませ．ご注文をどうぞ．
　大空：野菜いためを1つと，それから日本シーフード焼きそばを
　　　　2人前ください．
店員1：そばは，1人前でこのくらいの皿ですから，お2人じゃた
　　　　ぶん食べ切れませんよ．1つで十分だと思いますが．
　松尾：じゃ，1人前お願いします．
店員1：お2人も日本からおいでですか．

単語

【欢迎光临】　huānyíng guānglín　いらっしゃいませ．
【炒素菜】　chǎosùcài　野菜いため．参照 p. 107
【海鲜】　hǎixiān　海産の食品の美称．
【吃不了】　chībuliǎo　食べきれない．
【够】　gòu　十分である．足りる．

発音よければ…

儿化——音節の末尾で舌をひょいとそり上げる

	huàr	táor	chàng gēr	
①	画儿	桃儿	唱歌儿	（変化なし）
	wánr	mànmānr	yìdiǎnr	
②	玩儿	慢慢儿	一点儿	（-n 脱落）
	xiǎoháir	gàir	wèir	
③	小孩儿	盖儿	味儿	（複母音で -i 脱落）
	yǒu kòngr	xìnfēngr	diànyǐng	
④	有空儿	信封儿	电影儿	（鼻音化）

CD33 大空：对。
Duì.

服务员1：我们 这儿 的 日本 海鲜 炒面, 可
Wǒmen zhèr de Rìběn hǎixiān chǎomiàn, kě

受 日本 客人 欢迎 了。
shòu Rìběn kèren huānyíng le.

服务员2：让 您 久 等 了。
Ràng nín jiǔ děng le.

松尾：嗬, 这么 多 呢。
He, zhème duō ne.

服务员2：这 就 是 日本 海鲜 炒面。
Zhè jiù shì Rìběn hǎixiān chǎomiàn.

大空：嗯, 面 的 味道 的确 不错。
Ng, miàn de wèidao díquè búcuò.

服务员1：请 慢慢儿 用餐, 还 需要 什么 的话,
Qǐng mànmānr yòngcān, hái xūyào shénme dehuà,

请 叫 我们。
qǐng jiào wǒmen.

松尾：谢谢。
Xièxie.

服务员1：不 客气。
Bú kèqi.

第10課

訳

大空：ええ．
店員1：うちの日本シーフード焼きそばは，日本からのお客様に評判がいいんですよ．
店員2：お待たせいたしました．
　松尾：まあ，こんなに量があるの．
店員2：こちらが日本シーフード焼きそばでございます．
　大空：うん，味は確かにいける．
店員1：どうぞごゆっくりお召し上がりください．ほかに何かお入り用のときは，お申しつけください．
　松尾：どうもありがとう．
店員1：どういたしまして．

単語

【让您久等了】　ràng nín jiǔ děng le　お待たせいたしました．
【味道】　wèidao　味．
【的确】　díquè　確かに．
【用餐】　yòngcān　食事をとる．
【需要】　xūyào　必要である．要る．
【的话】　dehuà　〜ならば．

语法手册

一

欢迎光临，二位来点儿什么？
Huānyíng guānglín, èr wèi lái diǎnr shénme?
いらっしゃいませ、ご注文をどうぞ．

飲み物や食べ物を注文するとき，例えば「ビールを一本ください」というときは"来"を使って

先来一瓶啤酒． Xiān lái yì píng píjiǔ.
まずビールを１本ください．

といいます．しかし，「〜をください」というとき，"要"もよく使われます．"来"と"要"にはどのような違いがあるのでしょうか．まず，お客さんの立場で「〜をください」というのが"来"です．何しろ"来"は「モノがこちらに来る」のです．

来一份儿炒面吧． Lái yí fènr chǎomiàn ba.
焼きそば１人前ください．

"来"は後に必ず数量詞を必要としますが，"要"はなくてもかまいません．お店の人は"要"を使うのが普通です．

你们要什么酒？ Nǐmen yào shénme jiǔ?
お酒は何にしますか．

你们来点儿什么酒？ Nǐmen lái diǎnr shénme jiǔ? （同上）
（"你们来什么酒？"とはいわない．"点儿"という数量が必要）

お店の人が"来"を使うとお客さんの立場にたって，一緒に注文の相談にのっているという親しい雰囲気が出ます．
また"要"は広く買い物をするとき使えますが"来"は飲食物以外のものにはあまり使いません．

你这件衣服不错，我也要一件．
Nǐ zhèi jiàn yīfu búcuò, wǒ yě yào yí jiàn.
この服いいね，僕も一枚いただこう．

第10課

二 你们可能吃不了，要一份儿就够了。
Nǐmen kěnéng chībuliǎo, yào yí fènr jiù gòu le.
お２人じゃたぶん食べ切れませんよ，１つで十分だと思いますが。

動詞＋"不了"は１）量が多くて「〜しきれない」，２）ある動作の実現が不可能である，という２種の意味を表します。

书包太小，这么多装不了。
Shūbāo tài xiǎo, zhème duō zhuāngbuliǎo.
かばんが小さすぎて，こんなにたくさん入りきれない。

钱这么多，我一个人花不了。
Qián zhème duō, wǒ yí ge rén huābuliǎo.
お金がこんなにたくさんあって，私１人では使い切れません。

度数这么高的酒我喝不了。
Dùshù zhème gāo de jiǔ wǒ hēbuliǎo.
度数がこんなに高いお酒，私は飲めません。

太沉，一个人拿不了。　Tài chén, yí ge rén nábuliǎo.
重すぎて，１人では持てません。

このほかの一般的によく使う可能補語を覚えておきましょう。

今天来不及了，明天吧。　Jīntiān láibují le, míngtiān ba.
今日は間に合わない，明日にしよう。

饺子多，一锅煮不下。　Jiǎozi duō, yì guō zhǔbuxià.
餃子が多くて，１つの鍋では煮切れない。

他走了半天了，你赶不上了。
Tā zǒule bàntiān le, nǐ gǎnbushàng le.
彼が出かけてからしばらくたつから，あなたは追いつけないよ。

"赶不上"とは，「"赶"（追いかける）しても，その結果，対象にキャッチアップし得ない」ことを表します。

奥の細道

加那：什么 快, 就 吃 什么 吧。
　　　Shénme kuài, jiù chī shénme ba.

好惠：看 你, 真 不 像话, 太 没 礼貌 了。每次 跟
　　　Kàn nǐ, zhēn bú xiànghuà, tài méi lǐmào le. Měicì gēn

　　　张 平 吃饭 的 时候 都 是 匆匆忙忙 的。
　　　Zhāng Píng chīfàn de shíhou dōu shì cōngcōngmángmáng de.

加那：**慢慢儿 吃, 就 不 能 赶上 下午 的 电影 了。**
　　　Mànmānr chī, jiù bù néng gǎnshàng xiàwǔ de diànyǐng le.

加那：**慢慢儿 吃, 就 赶不上 下午 的 电影 了。**
　　　Mànmānr chī, jiù gǎnbushàng xiàwǔ de diànyǐng le.

张平：你们 别 在意, 我 在 日本 也 经常 这样。
　　　Nǐmen bié zàiyì, wǒ zài Rìběn yě jīngcháng zhèyàng.

　　　再说 中国式 的 快餐 也 挺 不错 的。
　　　Zàishuō Zhōngguóshì de kuàicān yě tǐng búcuò de.

好惠：真 对不起。
　　　Zhēn duìbuqǐ.

加那：回 日本 以后 再 好好儿 慰劳 你。
　　　Huí Rìběn yǐhòu zài hǎohāor wèiláo nǐ.

张平：哈哈哈, 别 客气。
　　　Hahaha, bié kèqi.

第 10 課

今日の一句

補語つきの動詞の否定は "没" か "不" で 〔茂〕

你们可能吃不了，要一份儿就够了。
Nǐmen kěnéng chībuliǎo, yào yí fènr jiù gòu le.
お２人じゃたぶん食べ切れませんよ．１つで十分だと思いますが．

　動詞＋"不了"は，1）量が多くて「〜し切れない」，2）ある動作の実現が不可能だ，という２種の意味を表します．
　　书包太小，这么多装不了． Shūbāo tài xiǎo, zhème duō zhuāngbuliǎo.
　　かばんが小さすぎて，こんなにたくさん入り切れない．
　一般に"看见"のように動詞＋結果補語という構造の語句を否定する場合は，"没"か"不"によります．
　　看见→没看见（見なかった）／看不见（見ることができない）
　　赶上→没赶上（間に合わなかった）／赶不上（間に合わない）

訳

加那：なんでも早くできるものを食べましょう．
好恵：もう，ひどい話．ほんとに礼儀知らずね．いつも張平さんと食事するときは，あわただしいんだから．
加那：ゆっくり食べていたら，午後の映画に間に合わないよ．

　　　　　↓

加那：ゆっくり食べていたら，午後の映画に間に合わないよ．
張平：気にしないでください．日本にいたときも，いつもこんなものでしたから．それに，中国式ファーストフードも結構いけますよ．
好恵：ほんとにすみませんね．
加那：日本に帰ったら，うんとお礼をするわよ．
張平：ははは，そんなお気遣いなく．

単語

【看你】kàn nǐ　あなたの言ったこと，していることを見なさい→もうあなたったらしょうがない（相手を軽く責める）．
【不像话】bú xiànghuà　まともな話ではない→とんでもないことだ．
【没礼貌】méi lǐmào　礼儀に欠ける．失礼だ．
【匆忙】cōngmáng　あわただしい．
【赶不上】gǎnbushàng　間に合わない．
【再说】zàishuō　それに．その上．
【在意】zàiyì　気にする．
【快餐】kuàicān　ファーストフード．
【慰劳】wèiláo　慰労する．労をねぎらう．

字あまり

"欢迎光临！"
Huānyíng guānglín!
いらっしゃいませ．

　つい最近まで，中国の店員さんの愛想のなさは定評がありました．さすが，社会主義国．客に媚びを売ったりしない．かえってさっぱりして気持ちがいい，などと強がりをいっていたものです．それでも，いくら呼んでも返事はしない，物があるのに"没有"méiyou という態度には，日本人ならずともうんざりしていました．

　それがこのごろはどうでしょう．すっかりサービスがよくなりました．経済の法則は世界を均質にします．

　店に入るとまず"欢迎光临！"Huānyíng guānglín!（いらっしゃいませ）の声が聞かれるようになりました．これは商売専用で，ホテルやお店で使われます．友人を迎えるときは"你来了！"Nǐ lái le!（いらっしゃい）でいいのです．そもそも"欢迎"huānyíng を使えば，相手をお客様扱いしていることになります．"热烈欢迎"rèliè huānyíng などもそうですね．

　レストランなどでは，注文した物を運んできて"让您久等了。"Ràng nǐ jiǔ děng le.（お待たせいたしました）といいます．これはかつては日本式レストランで言われることが多かったのですが，今やどこでも聞かれます．日本式サービスの浸透です．もちろん早く出しても"久等了"jiǔ děng le（長いことお待たせしました）と言います．

　最後にお客様を送り出すときのあいさつが"欢迎您再来。"Huānyíng nín zài lái.（またのお越しをお待ち申し上げます．）まあ，ここまで行き届いた言葉のサービスは，まだ一部ですが，それでもこちらが"谢谢"Xièxie. というと，反射的に"不客气。"Bú kèqi. と返す人が多くなりました．自然に身に付いているエチケットとしての"不客气"です．かつては，こんな一言もホテルマンでないと期待できませんでした．

　たとえリップサービスであっても，いい言葉はいい表情を呼び寄せます．スマイル中国語です．

104

"什锦生鱼片"

shíjǐn shēngyúpiàn

　"中式" Zhōngshì といえば中国風，"西式" Xīshì といえば洋風，わが和風はないのかと思っていましたら，最近は "日式" Rìshì といういい方も目にするようになりました．例えば "日式快厅" Rìshì kuàitīng といえば日本式ファーストフード店．中国でもこれが結構増えてきました．北京で札幌ラーメンのお店を見かけたこともあります．

　さて，日本料理のかずかず，中国語ではどう言うのか．興味のあるところです．2年前，北京のとある日本料理店に入りましたが，その時のメモが残っていました．ご紹介しましょう．

　「刺身」はご存じ "生鱼片" shēngyúpiàn です．ところで "什锦生鱼片" shíjǐn shēngyúpiàn といったら何のことか分かりますか．"什锦" shíjǐn は「各種とりそろえ」ということ，つまり「刺身の盛り合わせ」です．"什锦饼干" shíjǐn bǐnggān なら「ビスケットの詰め合わせ」．日本語は「盛り合わせ」「詰め合わせ」という語が後に来ますが，中国語は前に来るんですね．

　「とんカツ」は "炸猪排" zházhūpái．"炸" zhá は油でさっと揚げる，"猪" zhū はもちろん「豚」，"排" pái とは，それをずらりと並べた姿をいいます．「カツ丼」は "炸猪排盖饭" zházhūpái gàifàn とありました．"盖" gài とはふたをかぶせること，なるほど，ドンブリものは "盖饭" gàifàn か，これには感心させられました．親子丼は "鸡肉鸡蛋盖饭" jīròu jīdàn gàifàn．日本語の「親子」と名付けた工夫の跡はうかがえません．しかし，中国語にそのまま訳して "母子盖饭" mǔzǐ gàifàn などとすると，何だかコワイですね．

　おにぎりは "饭团" fàntuán．日本独特なので "日式饭团" Rìshì fàntuán ということもあります．「赤だし」これは難しいと思ったら，何のことはない "酱汤" jiàngtāng，つまり SOY SOUP でした．「納豆」はもう文字どおり "纳豆" nàdòu，これはいっそ「ナットウ」で通じさせたいですよね．

　お店によって少しずつネーミングに違いはあるようですが，ご参考まで．

旅の道連れ フレーズ170

レストランで

席空いてますか．
有座位吗？　Yǒu zuòwei ma?

申し訳有りません，しばらくお待ちいただきます
对不起，得等一会儿。　Duìbuqǐ, děi děng yíhuìr.

窓側の席がありますか．
有没有靠窗户的座位？　Yǒu méiyou kào chuānghu de zuòwei?

すみません，注文お願いします．
小姐，我想点菜。　Xiǎojie, wǒ xiǎng diǎncài.

何かオードブルがありますか．
有什么凉菜吗？　Yǒu shénme liángcài ma?

生ビールありますか．
有生啤吗？　Yǒu shēngpí ma?

とりあえずビールを2本．
先来两瓶啤酒。　Xiān lái liǎng píng píjiǔ.

何か名物料理はありますか．
你们这儿有什么拿手菜？　Nǐmen zhèr yǒu shénme náshǒucài?

メニューを見せてください．
给我看一下菜单。　Gěi wǒ kàn yíxià càidān.

今日は私がご馳走します．
今天我请客。　Jīntiān wǒ qǐngkè.

注文した料理，どうしてまだこないのですか．
我们要的菜怎么还不来呢？　Wǒmen yào de cài zěnme hái bù lái ne?

ご注文の品はお揃いでしょうか．
菜都上齐了吗？　Cài dōu shàngqí le ma?

106

▎これは何という料理ですか.
▎这个菜叫什么？　　Zhèige cài jiào shénme?

▎この料理は辛くありませんか.
▎这个菜辣不辣？　　Zhèige cài là bú là?

▎これはどうやって食べるのですか.
▎这个怎么吃啊？　　Zhèige zěnme chī a?

▎お茶をください.
▎请给我们倒点儿茶。　　Qǐng gěi wǒmen dào diǎnr chá.

▎すみません，お勘定をお願いします.
▎服务员，请结账。　　Fúwùyuán, qǐng jiézhàng.

▎すみません，持ち帰りますので包んでください.
▎麻烦您，我们打包。　　Máfan nín, wǒmen dǎbāo.

▎すみませんが，小皿をください.
▎再帮我们拿个小碟子好吗？　　Zài bāng wǒmen ná ge xiǎo diézi hǎo ma?

▎すみませんがこの料理を分けてください.
▎麻烦您帮我们把这个菜分一分。
▎Máfan nín bāng wǒmen bǎ zhèige cài fēnyifen.

面を炒めて「焼きそば」

　"炒面" chǎomiànとは「焼きそば」のことですが，これは本来 "炒面" chǎo miàn（面を炒める）という動詞です."炒饭" chǎo fànなども "ご飯を炒める→炒めたご飯・炒飯" という作りです.同じように，"开水" kāi shuǐ も動詞として "水を沸かす→沸かした水・お湯" という関係にあります.要するに何かを作る「動詞・目的語」構造が，そのままの形で，できあがった製品名になっているわけです.以下類例を挙げておきましょう.

　　烤白薯　kǎo báishǔ　　　さつまいもを焼く→焼きいも
　　烤面包　kǎo miànbāo　　パンを焼く→トースト
　　涮羊肉　shuàn yángròu　羊肉に湯の中をくぐらせる→しゃぶしゃぶ
　　煎鸡蛋　jiān jīdàn　　　　卵を焼く→卵焼き

　食べ物の名前はこのほかに，"开口笑" kāikǒuxiàoとか "驴打滚" lǘdǎgǔnとか，面白い構造をしたものが多いですね.どんな食べ物か，辞書にあたってみてください.なお，製品名になるとピンインは連写されます.

第十一課 病状を訴える

大空さん、なんだか体の具合が悪いようです．

CD36 大空：我 是 7 1 8 号 的 大空，我
Wǒ shì qī yāo bā hào de Dàkōng, wǒ

有点儿 不 舒服， 请 帮 我 叫 一下
yǒudiǎnr bù shūfu, qǐng bāng wǒ jiào yíxià

医生 行 吗？
yīshēng xíng ma?

服务员：大空 先生， 您 别 慌， 我们 马上 给
Dàkōng xiānsheng, nín bié huāng, wǒmen mǎshàng gěi

您 叫。
nín jiào.

（敲 门）
qiāo mén

大空：请 进。
Qǐng jìn.

服务员：医生 请来 了。
Yīshēng qǐnglái le.

医生：您 哪儿 不 舒服？
Nín nǎr bù shūfu?

第11課

訳

大空：718号室の大空ですが，ちょっと気分が悪いんです．お医者さんを呼んでくれませんか？
係員：大空さん，落ち着いてください，すぐに呼びますから．
（ノックの音）
大空：どうぞ．
係員：お医者さんをお呼びしました．
医師：どこが悪いのですか？

単語

【718号】　qī yāo bā hào　718号室．部屋番号は，3桁(けた)以上は普通個々の数字を棒読みにする．1はyāoという．2桁のときは"12号" shí'èr hàoのようにいう．
【不舒服】　bù shūfu　気分が悪い．
【慌】　huāng　あわてる．
【敲门】　qiāo mén　ドアをノックする．
【请来】　qǐnglái　招いて来てもらう．呼び寄せる．

発音よければ…

en と eng

zhēn〔真〕⟷ zhēng〔争〕
fēn〔分〕⟷ fēng〔风〕
rénshēn〔人参〕⟷ rénshēng〔人生〕

CD37 大空：胃 疼， 恶心， 浑身 没劲儿。
　　　　Wèi téng, ěxin, húnshēn méijìnr.

医生：发烧 吗？
　　　Fāshāo ma?

大空：刚才 量 了， 不 发烧。
　　　Gāngcái liáng le, bù fāshāo.

医生：能 不 能 告诉 我， 昨天 晚上 您 都
　　　Néng bù néng gàosu wǒ, zuótiān wǎnshang nín dōu
　　　吃 什么 了？
　　　chī shénme le?

大空：炒面， 在 下面 餐厅 吃 的。 非常 好吃，
　　　Chǎomiàn, zài xiàmian cāntīng chī de. Fēicháng hǎochī,
　　　我 吃了 两 份儿。
　　　wǒ chīle liǎng fènr.

医生：除了 炒面 还 吃 什么 了？
　　　Chúle chǎomiàn hái chī shénme le?

大空：还 喝了 不 少 啤酒。
　　　Hái hēle bù shǎo píjiǔ.

医生：您 这 是 有点儿 消化 不良， 我 给 您
　　　Nín zhè shì yǒudiǎnr xiāohuà bùliáng, wǒ gěi nín
　　　开 点儿 胃药， 再 开 点儿 止疼片儿。
　　　kāi diǎnr wèiyào, zài kāi diǎnr zhǐténgpiànr.
　　　您 吃了 以后， 好好儿 休息， 下午 我 再
　　　Nín chīle yǐhòu, hǎohāor xiūxi, xiàwǔ wǒ zài
　　　来 看 您。
　　　lái kàn nín.

第11課

訳

大空：胃が痛くて，気分が悪くて，全身けだるいんです．
医師：熱は？
大空：さっき計りましたが，熱はありません．
医師：昨日の晩何を食べたか話してくれますか？
大空：焼きそばを下のレストランで食べました．とてもおいしかったので，2人前食べたんです．
医師：焼きそばのほかには，何を食べましたか？
大空：あとかなりビールを飲みました．
医師：消化不良のようですね，胃薬と，あと痛み止めをだしておきましょう．薬を飲んだらよく休んでください．午後にまた診察に来ます．

単語

【恶心】 ěxin　気分が悪い．むかむかする．
【浑身】 húnshēn　全身．体中．
【没劲儿】 méijìnr　力が入らない．けだるい．
【发烧】 fāshāo　熱がある．
【量】 liáng　計る．
【都】 dōu　後に疑問詞があるときの"都"は，その疑問詞の指すものが複数であることを表す．「何を食べたか全部話して下さい」．
【除了】 chúle　～のほかに．～を除いて．
【开】 kāi　（薬を処方して）出す．
【止疼片儿】 zhǐténgpiànr　痛み止め．

语法手册

一

我有点儿不舒服。
Wǒ yǒudiǎnr bù shūfu.
ちょっと気分が悪いんです。

"有点儿"は「少し，いささか」という意味の副詞です．副詞ですから，形容詞などの前に置かれます．この語は語順的には日本語と同じになるわけです．普通あまり好ましくないことに使われます．

今天加那好像有点儿不高兴。
Jīntiān Jiānà hǎoxiàng yǒudiǎnr bù gāoxìng.
今日は加那ちゃん，ちょっとご機嫌ななめなようだ．

白天很暖和，但是早晚还有点儿冷。
Báitiān hěn nuǎnhuo, dànshì zǎowǎn hái yǒudiǎnr lěng.
昼間は暖かいが，朝晩はまだちょっと寒い．

我有点儿想家。　　Wǒ yǒudiǎnr xiǎng jiā.
ちょっとホームシックなんです．

二

能不能告诉我，昨天晚上您都吃什么了？
Néng bù néng gàosu wǒ, zuótiān wǎnshang nín dōu chī shénme le?
昨日の晩何を食べたか話してくれますか．

"能"は助動詞，それが肯定＋否定の形で"能不能"となり反復疑問文を作っています．一般に助動詞は，次のように反復疑問文が可能です．

明天会不会下雨？　　Míngtiān huì bú huì xià yǔ?
明日は雨になるだろうか．

这儿能不能抽烟？　　Zhèr néng bù néng chōuyān?
ここでタバコを吸えますか．

第 11 課

你想不想看京剧？　我有票。
Nǐ xiǎng bù xiǎng kàn jīngjù?　Wǒ yǒu piào.
京劇を見たいですか．切符があるのですが．

しかし，中には"得"děi のように反復疑問文が作れないものもあります．

＊我得不得住院？→我得住院吗？　Wǒ děi zhùyuàn ma?
私は入院しなくてはなりませんか．

三　除了炒面还吃什么了?
Chúle chǎomiàn hái chī shénme le?
焼きそばのほかには，何を食べましたか．

"除了"は「～を除いて，～のほか」の意を表す前置詞です．後に否定形がくる形と肯定形がくるタイプがあります．

这件事除了你，谁也不知道。
Zhèi jiàn shì chúle nǐ, shéi yě bù zhīdào.
この件は，君のほかにはだれも知らない．

除了星期一，每天都有事儿。
Chúle xīngqīyī, měitiān dōu yǒu shìr.
月曜日以外は毎日用事がある．

除了我还有两个人去。　Chúle wǒ hái yǒu liǎng ge rén qù.
私のほか，あと2人行きます．

除了鱼还有肉。　Chúle yú hái yǒu ròu.
魚のほか，肉もあります．

113

文法 奥の細道

医生：怎么样？ 好 一些 了 吗？
　　　Zěnmeyàng? Hǎo yìxiē le ma?

大空：好多 了。 胃 也 不 疼 了，也 不 恶心
　　　Hǎoduō le. Wèi yě bù téng le, yě bù ěxin

　　　了。只是 还 觉得 浑身 没劲儿。
　　　le. Zhǐshì hái juéde húnshēn méijìnr.

松尾：**大夫，他 的 病 不 要紧 吗？ 得 不 得 去**
　　　Dàifu, tā de bìng bú yàojǐn ma? Děi bù děi qù

　　　医院？
　　　yīyuàn?

添削

松尾：**大夫，他 的 病 不 要紧 吗？ 得 去 医院**
　　　Dàifu, tā de bìng bú yàojǐn ma? Děi qù yīyuàn

　　　吗？
　　　ma?

医生：不用 去 了。今天 晚上 就 可以 吃 东西
　　　Búyòng qù le. Jīntiān wǎnshang jiù kěyǐ chī dōngxi

　　　了。不过 要 吃 清淡 一点儿 的。
　　　le. Búguò yào chī qīngdàn yìdiǎnr de.

大空：我 的 肠胃 平常 不 爱 出 毛病。
　　　Wǒ de chángwèi píngcháng bú ài chū máobing.

松尾：现在 你 是 在 国外。
　　　Xiànzài nǐ shì zài guówài.

医生：对，环境 不 一样，还是 小心 一点儿 好。
　　　Duì, huánjìng bù yíyàng, háishi xiǎoxīn yìdiǎnr hǎo.

第 11 課

今日の一句　"能不能"されど言えない"得不得"

能不能告诉我，昨天晚上您都吃什么了？
Néng bù néng gàosu wǒ, zuótiān wǎnshang nín dōu chī shénme le?
昨日の晩何を食べたか，話してくれますか？

"能"は助動詞で，「肯定＋否定」の形で"能不能"となり，反復疑問文を作っています．一般に助動詞は反復疑問文が可能です．しかし，中には"得"のように反復疑問文が作れないものもあります．

＊我得不得住院？→我得住院吗？　Wǒ děi zhùyuàn ma？
私は入院しなくてはなりませんか？

"得"はそもそも否定形がありません．上のように"吗"疑問文にします．

医師：どうですか？　少しよくなりましたか？
大空：随分よくなりました．胃も痛くないし，気分の悪いのもなくなりました．ただ，全身のだるさはあります．
松尾：先生，彼の病気は大丈夫でしょうか？　病院に行かなければなりませんか？

⬇

松尾：先生，彼の病気は大丈夫でしょうか？　病院に行かなければなりませんか？
医師：それにはおよびません．今日の夜は何かを食べてもいいですよ．ただあっさりしたものを食べるようにしてください．
大空：僕の胃腸は普段は調子が悪くなったりしないんだけどなあ．
松尾：今は外国にいるんですよ．
医師：そうですね，環境が違うのですから，気を付けたほうがいいですよ．

【大夫】dàifu　医師．お医者さん．
【不要紧】bú yàojǐn　大丈夫である．
【得】děi　～しなければならない．
【肠胃】chángwèi　胃腸（日本語と語順が逆）．他にも"和平"hépíng（平和），"介绍"jièshào（紹介），"命运"mìngyùn（運命），"语言"yǔyán（言語）．
【出毛病】chū máobing　具合が悪くなる．故障する．
【环境】huánjìng　環境．
【小心】xiǎoxīn　気をつける．注意する．

第十二課

ビジネスセンターで

仕事用にパソコンが必要になりました。どこで借りるのでしょうか。

CD39 大空：租　电脑　是　在　这儿　吗？
　　　　Zū　diànnǎo　shì　zài　zhèr　ma?

服务员：对，这些　都　是，您　要　租　哪个？
　　　　Duì, zhèxiē　dōu　shì, nín　yào　zū　něige?

松尾：有　笔记本　电脑　吗？
　　　Yǒu　bǐjìběn　diànnǎo　ma?

服务员：真　不　巧，现在　都　租出去　了。您　想
　　　　Zhēn　bù　qiǎo, xiànzài　dōu　zūchuqu　le. Nín　xiǎng

要　什么　型号　的？
yào　shénme　xínghào　de?

大空：有　没有　这个　型号　的？
　　　Yǒu　méiyou　zhèige　xínghào　de?

第 12 課

訳

大空：パソコンのレンタルはこちらですか．
係員：はい．こちらすべてそうです．どういったものをご希望ですか．
松尾：ノート型パソコンはありますか．
係員：あいにくですが，今すべて借り出されています．どういう機種がご希望ですか．
大空：この型のはありませんか．（メモを渡す）

単語

【租】　　zū　　レンタルする．お金で貸し借りする．
【电脑】　diànnǎo　コンピューター．パソコン．
【笔记本】bǐjìběn　ノート．
【真不巧】zhēn bù qiǎo　あいにくである．間が悪い．
【型号】　xínghào　型．機種．

発音よければ…

iとnの間のa……diàn〔电〕のaは「エ」に近く

ian（yan）　：xiǎn〔险〕　　qián〔前〕→「エ」に近く
iang（yang）：xiǎng〔想〕　　qiáng〔强〕→「ア」のまま

服务员：您 什么 时候 用？ 这个 型号 的，
Nín shénme shíhou yòng? Zhèige xínghào de,

下午 四 点 以后 能 还回来。
xiàwǔ sì diǎn yǐhòu néng huánhuilai.

松尾：那 就 等到 下午 再 来 租 吧。
Nà jiù děngdào xiàwǔ zài lái zū ba.

服务员：现在 办完 手续， 下午 就 不用 再 来
Xiànzài bànwán shǒuxù, xiàwǔ jiù búyòng zài lái

了。 我们 给 您 送去， 你们 是 住在
le. Wǒmen gěi nín sòngqu, nǐmen shì zhùzài

这儿 吧。
zhèr ba.

大空：对。
Duì.

松尾：您 看， 这么 填 行 吗？
Nín kàn, zhème tián xíng ma?

服务员：行。
Xíng.

大空：那 就 麻烦 您 了。
Nà jiù máfan nín le.

服务员：没 事儿。
Méi shìr.

第12課

訳

係員：いつのご利用ですか.この型でしたら,午後4時以降なら戻ってきます.

松尾：じゃ,午後にまた借りに来ます.

係員：いま手続きをなさったら,午後にまた来る必要はありません.（申込書を渡す）こちらからお届けしますよ.ここにお泊まりですね.

大空：そうです.

松尾：これでよろしいですか.

係員：結構です.

大空：ではよろしくお願いいたします.

係員：かしこまりました.

単語

【还回来】 huánhuilai 返還されて戻ってくる."还"huánに複合方向補語"回来"huilaiがついた形.

【办手续】 bàn shǒuxù 手続きをする.

【送去】 sòngqu （持って行き）届ける.

【填】 tián （ワクや表に）記入する.

语法手册

一

真不巧，现在都租出去了。
Zhēn bù qiǎo, xiànzài dōu zūchuqu le.
あいにくですが，今すべて貸し出されています。

"租出去"は動詞"租"の後に方向を表す補語"出去"がついています。このような2音節のものは複合方向補語と呼ばれています。次はその一覧です。

	のぼる shàng 上	くだる xià 下	はいる jìn 进	でる chū 出	もどる huí 回	すぎる guò 过	おきる qǐ 起
-lai 来	上来	下来	进来	出来	回来	过来	起来
-qu 去	上去	下去	进去	出去	回去	过去	——

方向補語は，何の方向を補足説明しているのかに気をつけます。

是他把这两个孩子送回来的。
Shì tā bǎ zhèi liǎng ge háizi sònghuilai de.
彼がこの2人の子どもを送ってきてくれたのです。

这包东西，我顺便给你带回去。
Zhèi bāo dōngxi, wǒ shùnbiàn gěi nǐ dàihuiqu.
この荷物，僕がついでに持っていってあげるよ。

这次，不是他一个人，他们全家都搬过来了。
Zhèi cì, bú shì tā yí ge rén, tāmen quánjiā dōu bānguolai le.
今回は，彼1人じゃなくて，一家をあげて引っ越してきた。

车从门前开过去了。　　Chē cóng ménqián kāiguoqu le.
車が家の前を通り過ぎていった。

第 12 課

二

現在办完手续，下午就不用再来了。
Xiànzài bànwán shǒuxù, xiàwǔ jiù búyòng zài lái le.
いま手続きをなさったら，午後にまた来る必要はありません．

"再"は以下の行為が基準時（多くは現在）よりあとのことであることを表す副詞です．

1つは「ある事態になって，それから」行うことを表す用法．

真不巧，他在接别的电话，你过一会儿再打一次吧。
Zhēn bù qiǎo, tā zài jiē bié de diànhuà, nǐ guò yíhuìr zài dǎ yí cì ba.
あいにくですが，彼は今ほかの電話に出ておりますので，いましばらくしてからおかけください．

都十二点了，他可能已经睡了，电话明天再打吧。
Dōu shí'èr diǎn le, tā kěnéng yǐjing shuì le, diànhuà míngtiān zài dǎ ba.
もう12時だ，彼はもう寝てしまっただろう，電話は明日にしなよ．

もう1つは文字どおり「再び」の意味です．

我没听懂，请您再解释一遍。
Wǒ méi tīngdǒng, qǐng nín zài jiěshì yí biàn.
分からなかったので，もう1度説明してください．

这儿还有点儿脏，你再洗一洗。
Zhèr hái yǒudiǎnr zāng, nǐ zài xǐyixǐ.
ここ，まだちょっと汚れているよ，もう1度洗いなさい．

実現済みの「また」には，"又"yòuを使います．

你又迟到了。　Nǐ yòu chídào le.
君，また遅刻したね．

"还"háiは連続して「また，引き続き」であることを表します．

你还吃吗！　Nǐ hái chī ma!
まだ食べるのか．

文法 奥の細道

〈カウンターで〉

CD41 加那：糟糕！ 糟糕！
　　　　　Zāogāo!　Zāogāo!

服务员：怎么 了？ 别 着急， 慢慢儿 说。
　　　　Zěnme le? Bié zháojí, mànmānr shuō.

加那：**我 的 信用卡 再 不 见 了。**
　　　Wǒ de xìnyòngkǎ zài bú jiàn le.

【添削】

加那：**我 的 信用卡 又 不 见 了。**
　　　Wǒ de xìnyòngkǎ yòu bú jiàn le.

服务员：在 哪儿 丢 的？
　　　　Zài nǎr diū de?

加那：我 也 不 知道。 昨天 早上 在 餐厅 丢了
　　　Wǒ yě bù zhīdào. Zuótiān zǎoshang zài cāntīng diūle

　　　一 次， 但是 马上 就 找到 了。 我
　　　yí cì, dànshì mǎshàng jiù zhǎodào le. Wǒ

　　　记得 后来 没 用过。
　　　jìde hòulái méi yòngguo.

服务员：你 填 一 下 表， 我们 马上 帮 你 办
　　　　Nǐ tián yíxià biǎo, wǒmen mǎshàng bāng nǐ bàn

　　　挂失 手续。
　　　guàshī shǒuxù.

好惠：加那， 你 看 这 是 什么？
　　　Jiānà, nǐ kàn zhè shì shénme?

加那：我 的 信用卡！ 在 哪儿 捡到 的？
　　　Wǒ de xìnyòngkǎ! Zài nǎr jiǎndào de?

好惠：在 房间 里， 可能 是 你 换 衣服 时
　　　Zài fángjiān li, kěnéng shì nǐ huàn yīfu shí

　　　掉出来 的。
　　　diàochulai de.

加那：我 真 是 个 马大哈。 先生， 麻烦 您 了。
　　　Wǒ zhēn shì ge mǎdàhā. Xiānsheng, máfan nín le.

第 12 課

今日の一句

この「また」は何を使わん"还、又、再" 茂

現在办完手续，下午就不用再来了。
Xiànzài bànwán shǒuxù, xiàwǔ jiù búyòng zài lái le.
いま手続きをなさったら，午後にまた来る必要はありません．

"再"は，以下の行為がまだ未実現であることを表す副詞です．「もう一度説明してください」はこう言います．

请您再解释一遍。　Qǐng nín zài jiěshì yí biàn.

実現済みの「また」には，"又" yòuを使います．

你又迟到了。　Nǐ yòu chídào le.　君，また遅刻したね．

「引きつづき，さらに」という意味の「また」は，"还"を用います．

你明天还来吗？　Nǐ míngtiān hái lái ma?　明日また来ますか？

加那：大変！　大変！
係員：どうしました．慌てないで，ゆっくり話してください．
加那：私のクレジットカードがまたなくなったんです．

⬇

加那：私のクレジットカードがまたなくなったんです．
係員：どこでなくしたんですか．
加那：分からないんです．昨日の朝，レストランで1度なくして，でもそれはすぐに見つかったんです．その後はたしか使っていないのですが．
係員：こちらに記入してください．すぐに紛失手続きをしますので．
好恵：加那，これは何？
加那：私のクレジットカード！　どこで見つけたの？
好恵：部屋よ．たぶん加那が服を着替えるときに落ちたのよ．
加那：私ったらなんてあわて者！　どうもご面倒をおかけしました．

【糟糕】zāogāo　大変だ．
【着急】zháojí　焦る．慌てる．
【丢】diū　なくす．
【记得】jìde　～と記憶している．
【挂失】guàshī　紛失を申し出る．
【捡】jiǎn　拾う．見つける．
【掉】diào　落ちる．
【马大哈】mǎdàhā　あわて者．

旅の道連れ フレーズ170

トラブル

● 体調のトラブル

気分が悪いのですが．
我觉得不舒服。　Wǒ juéde bù shūfu.

頭痛がします．
我头疼。　Wǒ tóu téng.

お腹を壊しています．
我拉肚子。　Wǒ lā dùzi.

食欲がありません．
我没有食欲。　Wǒ méiyou shíyù.

少し熱があります．
我有点儿发烧。　Wǒ yǒudiǎnr fāshāo.

足が擦れてしまいました．
我的脚磨破了。　Wǒ de jiǎo mópò le.

日本語ができる人がいますか．
有会说日语的人吗？　Yǒu huì shuō Rìyǔ de rén ma?

注射はしたくありません．
我不想打针。　Wǒ bù xiǎng dǎzhēn.

喉の薬はありますか．
有治嗓子的药吗？　Yǒu zhì sǎngzi de yào ma?

● 買い物のトラブル

まだお釣りをもらっていません．
你还没找我钱呢。　Nǐ hái méi zhǎo wǒ qián ne.

金額がちがいます．
钱不对。　Qián búduì.

取り替えてください.
请给我换一个。　　Qǐng gěi wǒ huàn yí ge.

これちょっと汚れています.
这儿有点儿脏。　　Zhèr yǒudiǎnr zāng.

いまお金を払いましたよ.
刚才我已经交钱了。　　Gāngcái wǒ yǐjing jiāo qián le.

日本円でいいですか. 人民元の持ち合わせがないので.
可以用日元吗? 我人民币不够了。
Kěyǐ yòng rìyuán ma? Wǒ rénmínbì búgòu le.

● 緊急トラブル

財布が盗まれた！
我的钱包被偷了。　　Wǒ de qiánbāo bèi tōu le.

パスポートがない！
我的护照丢了。　　Wǒ de hùzhào diū le.

鍵を部屋に置き忘れました.
钥匙忘在房间里了。　　Yàoshi wàngzài fángjiān li le.

日本大使館と連絡をとりたいのですが.
我想跟日本大使馆联系。　　Wǒ xiǎng gēn Rìběn dàshǐguǎn liánxì.

荷物がいつまでたっても出てこないのですが.
我的行李一直没出来。　　Wǒ de xíngli yìzhí méi chūlai.

航空券のリコンファームをするのを忘れました.
我忘了确认机票了。　　Wǒ wàngle quèrèn jīpiào le.

関連語句				
風邪を引く			警察	
感冒	gǎnmào		警察	jǐngchá
救急車			カメラ	
救护车	jiùhùchē		照相机	zhàoxiàngjī
日本語の通訳			ルームナンバー	
日文翻译	Rìwén fānyì		房间号码	fángjiān hàomǎ

第十三課 場所をたずねる

郵便局の場所がわからないので，フロントに聞きに来ました．

CD43 松尾：请问，饭店 里 有 邮局 吗？
　　　　Qǐngwèn, fàndiàn li yǒu yóujú ma?

服务员：有， 在 新楼 那边儿。 新楼 总服务台
　　　　Yǒu, zài xīnlóu nèibianr. Xīnlóu zǒngfúwùtái

　　　　对面 的 那个 柜台 就 是。
　　　　duìmiàn de nèige guìtái jiù shì.

大空：还 有， 请问 去 琉璃厂 怎么 走？
　　　　Hái yǒu, qǐngwèn qù Liúlíchǎng zěnme zǒu?

服务员：坐 地铁 也 行， 公共 汽车 也 可以。
　　　　Zuò dìtiě yě xíng, gōnggòng qìchē yě kěyǐ.

　　　　要是 不 愿意 走 呢， 还 可以 坐
　　　　Yàoshi bú yuànyi zǒu ne, hái kěyǐ zuò

　　　　出租。
　　　　chūzū.

第13課

訳

松尾：すみません．ホテルに郵便局はありますか．
係員：はい．新館の方にございます．新館フロントの向かいのカウンターがそうです．
大空：それから，リウリチャンには，どう行けばいいのですか．
係員：地下鉄でも，バスでも行けます．歩くのがめんどうなら，タクシーでも大丈夫ですよ．

単語

【邮局】　yóujú　郵便局．
【新楼】　xīnlóu　新館．
【总服务台】　zǒngfúwùtái　フロント．
【柜台】　guìtái　カウンター．
【就是】　jiù shì　（問題になっているのは）ほかならぬそれである．つまりそれである．
【地铁】　dìtiě　地下鉄．
【坐出租】　zuò chūzū　タクシーに乗る．

発音よければ…

"小姐" xiǎojie と "姐姐" jiějie

どちらも「第3声＋軽声」だが，実際の発音は異なる．
小姐　xiǎojie　本来は xiǎojiě → xiáojiě，後ろが軽声化し xiáojie，しかし第3声の変調は規則上示さないので表記は xiǎojie
　類例：手里　shǒuli　　哪里　nǎli　　想想　xiǎngxiang
これとは別に，次は変調なし：姐姐　jiějie　　姥姥　lǎolao
"姐姐" jiějie タイプは2音節目は意味的には何の情報も加えぬもの．

CD44 松尾：从 这儿 走着 去 得 花 多 长 时间？
Cóng zhèr zǒuzhe qù děi huā duō cháng shíjiān?

服务员：要是 穿 胡同 抄 近路，三十 分钟 就
Yàoshi chuān hútòng chāo jìnlù, sānshí fēnzhōng jiù

能 到。
néng dào.

松尾：是 吗，谢谢。
Shì ma, xièxie.

大空：对不起，又 想起来 一 件 事儿。请问，
Duìbuqǐ, yòu xiǎngqilai yí jiàn shìr. Qǐngwèn,

有 我们 的 信 吗？
yǒu wǒmen de xìn ma?

服务员：您 等等，我 看看。没有 信，也 没有
Nín děngdeng, wǒ kànkan. Méiyou xìn, yě méiyou

留言。
liúyán.

松尾：耽误 您 这么 长 时间，给 您 添
Dānwu nín zhème cháng shíjiān, gěi nín tiān

麻烦 了。
máfan le.

服务员：没 什么。
Méi shénme.

第 13 課

訳

松尾：ここから歩いて，どのくらい時間がかかります？
係員：路地をぬけて近道をすれば，30分で行けますよ．
松尾：そうですか．ありがとうございます．
大空：すみません．もう1つ思い出しました．私たちに手紙が来ていませんか．
係員：ちょっとお待ちください．見てみますから．手紙も伝言もないですね．
松尾：長いこと時間をとらせてすみませんでした．
係員：どういたしまして．

単語

【花】　　hua　（時間や費用が）かかる．費やす．
【穿胡同】　chuān hútòng　路地をぬける．
【抄近路】　chāo jìnlù　近道をする．
【留言】　　liúyán　伝言．メモ．
【耽误】　　dānwu　時間をとる．じゃまする．

语法手册

一

新楼总服务台对面的那个柜台就是。
Xīnlóu zǒngfúwùtái duìmiàn nèige guìtái jiù shì.
新館フロントの向かいのカウンターがそうです．

文末の"就是"jiù shìに注目。「これがつまりそうです」とそのものズバリを表す言い方です。

（你找的那个公园）这个就是。
(Nǐ zhǎo de nèige gōngyuán) Zhèige jiù shì.
（あなたの探しているその公園は）これがそうです．

北京电视台在哪儿？　Běijīng diànshìtái zài nǎr?
——咱们明天要参观的电视台就是。
Zánmen míngtiān yào cānguān de diànshìtái jiù shì.
北京テレビ局はどこですか．
明日私たちが見にゆくところがそうだよ．

你喝过龙井茶吗？　Nǐ hēguo lóngjǐngchá ma?
——咱们现在喝的就是。　Zánmen xiànzài hē de jiù shì.
ロンジン茶飲んだことありますか．
いま飲んでいるのがそうだよ．

二

要是穿胡同抄近路，三十分钟就能到。
Yàoshi chuān hútòng chāo jìnlù, sānshí fēnzhōng jiù néng dào.
路地をぬけて近道をすれば，30分で行けますよ．

「路地を突きぬける」中国語では"穿"という動詞を使います。「近道をする」こちらは"抄"という動詞を使います。中国語でも，このような動詞の使い方がポイントです。

第 13 課

〈動詞と目的語の組合せ連語〉

骑	摩托车	qí mótuōchē	バイクに乗る
坐	汽车	zuò qìchē	車に乗る
戴	眼镜	dài yǎnjìng	眼鏡をかける
配	眼镜	pèi yǎnjìng	眼鏡を作る
摘	眼镜	zhāi yǎnjìng	眼鏡をはずす
刻	图章	kè túzhāng	はんこを作る
打	毛衣	dǎ máoyī	セーターを編む
编	瞎话	biān xiāhuà	でたらめを言う
拍	电影	pāi diànyǐng	映画を作る
发	传真	fā chuánzhēn	ファックスを送る
添	麻烦	tiān máfan	面倒をかける
点	菜	diǎn cài	料理を注文する
开	药方	kāi yàofāng	処方箋(しょほうせん)を出す
接	电话	jiē diànhuà	電話に出る
开	车	kāi chē	車を運転する
关	电视	guān diànshì	テレビを消す
开	电视	kāi diànshì	テレビをつける
提	意见	tí yìjian	意見を述べる
睡	午觉	shuì wǔjiào	昼寝する
刷	牙	shuā yá	歯を磨く
娶	媳妇	qǔ xífu	嫁さんをもらう
考	研究生	kǎo yánjiūshēng	大学院を受験する
交	作业	jiāo zuòyè	宿題を提出する
洗	温泉	xǐ wēnquán	温泉にはいる
照	镜子	zhào jìngzi	鏡を見る
坐	电梯	zuò diàntī	エレベーターに乗る

文法 奥の細道

〈ビジネスセンターで〉

CD45 加那：小姐，这里可以复印吗？
　　　　Xiǎojie, zhèli kěyǐ fùyìn ma?

服务员：可以，您要复印什么？
　　　　Kěyǐ, nín yào fùyìn shénme?

加那：我想把这份儿材料复印两份儿。
　　　Wǒ xiǎng bǎ zhèi fènr cáiliào fùyìn liǎng fènr.

服务员：好的。
　　　　Hǎo de.

好惠：**我想往日本送传真，也是在这儿吗？**
　　　Wǒ xiǎng wǎng Rìběn sòng chuánzhēn, yě shì zài zhèr ma?

【添剂】

好惠：**我想往日本发传真，也是在这儿吗？**
　　　Wǒ xiǎng wǎng Rìběn fā chuánzhēn, yě shì zài zhèr ma?

服务员：对，您知道日本的号码吗？
　　　　Duì, nín zhīdao Rìběn de hàomǎ ma?

加那：不知道。是多少？
　　　Bù zhīdào. Shì duōshao?

服务员：给您这张表，上面写着呢。
　　　　Gěi nín zhèi zhāng biǎo, shàngmian xiězhe ne.

加那：谢谢。
　　　Xièxie.

第13課

今日の一句

ふさわしき動詞もとめて夏近し　茂

要是穿胡同抄近路，三十分钟就能到。
Yàoshi chuān hútòng chāo jìnlù, sānshí fēnzhōng jiù néng dào.
路地をぬけて近道をすれば、30分で行けますよ。

「路地をぬける」は"穿"という動詞を使います。「近道をする」は"抄"という動詞を使います。
ファックスを「送る」ときは"发传真"と"发"fāを使い，郵便で「送る」ときは"寄"で"寄包裹"jì bāoguǒ（小包みを送る）のように言います．中国語でも，このような動詞の使い方がポイントです．

訳

加那：すみません．ここでコピーできますか．
係員：できます．何をコピーなさるのですか．
加那：これを２部コピーしたいのですが．
係員：かしこまりました．
好恵：私，日本にファックスを送りたいのですが，やはりここですか．

⬇

好恵：私，日本にファックスを送りたいのですが，やはりここですか．
係員：そうです．日本の番号をご存じですか．
加那：いいえ，何番ですか．
係員：これをどうぞ．そこに書いてあります．
加那：どうもありがとう．

単語

【复印】fùyìn　コピーする．
【材料】cáiliào　資料．
【传真】chuánzhēn　ファックス．「ファックスを送る」というとき，動詞は"发"fā を使う．
【号码】hàomǎ　番号．

第十四課 買い物をする

ショッピングにきて、なにやらいいものを見つけたようです.

CD46 宋科长：松尾 女士，您 在 挑 什么？
　　　　　Sōngwěi nǚshì, nín zài tiāo shénme?

　松尾：宋 小姐，您 看 这个 铜猫 多 有
　　　　Sòng xiǎojie, nín kàn zhèige tóngmāo duō yǒu

　　　　意思，我 想 买 两 个 带回去 送 人。
　　　　yìsi, wǒ xiǎng mǎi liǎng ge dàihuiqu sòng rén.

宋科长：是 挺 可爱 的。师傅，您 再 拿 几
　　　　Shì tǐng kě'ài de. Shīfu, nín zài ná jǐ

　　　　个，让 我们 挑挑 行 吗？
　　　　ge, ràng wǒmen tiāotiao xíng ma?

第14課

訳

宋課長：松尾さん，何を選んでいるのですか？
松尾：宋さん，ほら，この銅の猫，とてもおもしろいわ，2つ買っていって人にプレゼントしたいの．
宋課長：なかなか可愛らしいですね．すみません．いくつか見せて，選ばせてください．

単語

【挑】　tiāo　気に入ったものを選ぶ．
【铜猫】　tóngmāo　銅の猫．
【有意思】　yǒu yìsi　おもしろい．
【挺】　tǐng　なかなか．結構．

発音よければ…

再び第3声の変調

你好　nǐ hǎo → ní hǎo
我想买　wǒ xiǎng mǎi → wó xiáng mǎi
意味や音の切れ目のあるところでは変化しないことが多い．
我想买两个　wǒ xiǎng | mǎi liǎng ge
　　　　　→ wó xiǎng | mái liǎng ge

CD47 服务员：好。对不起，铜猫只剩这一个了。
Hǎo. Duìbuqǐ, tóngmāo zhǐ shèng zhè yí ge le.

松尾：真遗憾。
Zhēn yíhàn.

服务员：您看这个石头娃娃也挺可爱的。怎么样，来一个吗？
Nín kàn zhèige shítou wáwa yě tǐng kě'ài de. Zěnmeyàng, lái yí ge ma?

宋科长：哟，样子真滑稽，松尾女士，您看！
Yo, yàngzi zhēn huáji, Sōngwěi nǚshì, nín kàn!

松尾：真好玩儿，来一个吧。这个猫和这个娃娃一共多少钱？
Zhēn hǎowánr, lái yí ge ba. Zhèige māo hé zhèige wáwa yígòng duōshao qián?

服务员：给您少算点儿，两个算九十块吧。
Gěi nín shǎo suàn diǎnr, liǎng ge suàn jiǔshí kuài ba.

第14課

訳

店員：かしこまりました．申し訳ありません．銅の猫はこれ1つしか残っていないのです．

松尾：残念だわ．

店員：こちらの石の子どももとても可愛いですよ．いかがですか，お1つ？

宋課長：あら，格好がおかしいわね，松尾さん，ほら．

松尾：ほんとにおもしろいわ．1ついただくわ．この猫とこの子どもで，合計いくらですか？

店員：少しお安くして，2つで90元にしましょう．

単語

【遺憾】　yíhàn　残念である，遺憾である．
【石头娃娃】　shítou wáwa　石の子ども．
【滑稽】　huáji　おかしい．こっけいだ．
【好玩儿】　hǎowánr　おもしろい．
【少算】　shǎo suàn　少なめに計算する．

语法手册

一

您在挑什么？
Nín zài tiāo shénme ?
何を選んでいるのですか？

いま何をしているかを表す"在＋VP（動詞句）"です。これは「いまどういう種類の行為を行っているのか」を人に説明するものです。

他在招手，咱们过去吧。　Tā zài zhāoshǒu, zánmen guòqu ba.
彼が手招きしている．私たち行きましょう．

他在横穿马路。　Tā zài héngchuān mǎlù.
彼は道路を横切っている．

最近我一直在写小说。　Zuìjìn wǒ yìzhí zài xiě xiǎoshuō.
最近私は，ずっと小説の執筆をしています．

"V着"となると，意味が違ってくる場合があります．

她在梳辫子。　Tā zài shū biànzi.
彼女は今，おさげを編んでいる最中だ．〈進行中〉

她梳着辫子。　Tā shūzhe biànzi.
彼女はおさげをしている．〈結果残存〉

二

我想买两个带回去送人。
Wǒ xiǎng mǎi liǎng ge dàihuiqu sòng rén.
2つ買って持って帰り，人にプレゼントしたいのです．

動作がいくつか続く場合，中国語では，動作の行われる順番に並べるのが原則です．このように主語が共通である文は，連動文と呼ばれます．

〈我想〉〈（我）买两个〉→〈（我）带回去〉→〈（我）送人〉

第14課

周末**开车去**郊外商场**买**东西。
Zhōumò kāi chē qù jiāowài shāngchǎng mǎi dōngxi.
週末は，車で郊外のショッピングセンターに買い物に行く．

我**带**着孩子**去**医院**看**病。
Wǒ dàizhe háizi qù yīyuàn kàn bìng.
私は子どもを連れて病院に診察してもらいに行く．

刘主任**率**代表团**赴**纽约**参加**国际会议。
Liú zhǔrèn shuài dàibiǎotuán fù Niǔyuē cānjiā guójì huìyì.
劉主任は代表団を率いてニューヨークに行き，国際会議に参加する．

三

给您少算点儿。
Gěi nín shǎo suàn diǎnr.
少しお安くしておきましょう．

動詞の前に"少"や"多"をつけ，それぞれ「少なめに」「多めに，余計に」の意味を表します．このとき，よく後に数量表現が続きます．

你们俩都少说两句吧。　　Nǐmen liǎ dōu shǎo shuō liǎng jù ba.
お2人とも少し言葉を慎みなさい．

别客气，多吃点儿，不然一会儿就饿了。
Bié kèqi, duō chī diǎnr, bùrán yíhuìr jiù è le.
どうぞご遠慮なく，たくさん召し上がってください．でないと，後でおなかがすきますよ．

多炸一两分钟就炸透了。
Duō zhá yì liǎng fēnzhōng jiù zhátòu le.
あと1，2分時間をかけて揚げれば，中までよく揚がるよ．

文法 奥の細道

CD48 张平妹：渴 了 吧，来，喝 点儿 果汁。
　　　　Kě le ba, lái, hē diǎnr guǒzhī.

好惠：谢谢，你 看，我 挑 的 这 条 裙子 好看 吗？
　　　Xièxie, nǐ kàn, wǒ tiāo de zhèi tiáo qúnzi hǎokàn ma?

张平妹：我 看 不错，你 去 试穿 一下 吧。欸，加那 呢？
　　　　Wǒ kàn búcuò, nǐ qù shìchuān yíxià ba. Ei, Jiānà ne?

好惠：**她 试着 衣服 呢。**
　　　Tā shìzhe yīfu ne.

【添削】

好惠：**她 在 试 衣服 呢。**
　　　Tā zài shì yīfu ne.

加那：你们 看，我 穿着 合适 吗？
　　　Nǐmen kàn, wǒ chuānzhe héshì ma?

张平妹：样子 不错，就 是 颜色 有点儿 老气。这 件 怎么样？
　　　　Yàngzi búcuò, jiù shì yánsè yǒudiǎnr lǎoqi. Zhèi jiàn zěnmeyàng?

加那：哎哟，是 不 是 太 花 了？
　　　Aiyo, shì bú shì tài huā le?

好惠：不 花，你 穿上 一定 好看。
　　　Bù huā, nǐ chuānshang yídìng hǎokàn.

加那：是 吗，我 去 试 一下。
　　　Shì ma, wǒ qù shì yíxià.

140

第 14 課

今日の一句

何してる？ 動作の類なら "在 VP"㊟

您在挑什么？　　Nín zài tiāo shénme ?
何を選んでいるのですか？

いま何をしているかを表す"在"＋VP（動詞句）です．
これは「いまどういう種類の行為を行っているのか」を人に説明するものです．
　他在招手，咱们过去吧．　　Tā zài zhāoshǒu, zánmen guòqu ba.
　　彼が手招きしています．私たち行きましょう．
"在试衣服"なら「試着という行為を行っている」ということです．

訳

張平の妹：喉が渇いたでしょう，はい，ジュースをどうぞ．
好恵：ありがとう，見て，私が選んだこのスカート，きれい？
張平の妹：いいと思うわ，ちょっと試着してみたら．あら，加那は？
好恵：服を試着しているわ．

⬇

好恵：服を試着しているわ．
加那：2人とも見て，似合う？
張平の妹：デザインはいいけれど，色が少し地味ね．これはどう？
加那：ええっ，派手すぎない？
好恵：派手じゃないわよ，加那が着たらきっと似合うわ．
加那：そうかしら，ちょっと試着してみるわ．

単語

【果汁】guǒzhī　ジュース．
【裙子】qúnzi　スカート．
【试穿】shìchuān　試着する．
【合适】héshì　合う．似合う．
【颜色】yánsè　色．
【老气】lǎoqi　地味である．
【花】huā　華やかだ．派手である．

第十五課 はんこを作る

大空さんが宋課長の案内ではんこを作りに来ました．同僚達へのお土産です．

CD49 服务员： 您要的那种现在没有那么多了，这种怎么样？
Nín yào de nèi zhǒng xiànzài méiyou nàme duō le, zhèi zhǒng zěnmeyàng?

大空： 这种也行，让我挑挑。
Zhèi zhǒng yě xíng, ràng wǒ tiāotiao.

宋科长： 这些都是您挑的吗？
Zhèxiē dōu shì nín tiāo de ma?

您要刻这么多啊？
Nín yào kè zhème duō a?

大空： 您不知道，光我们科的就有
Nín bù zhīdào, guāng wǒmen kē de jiù yǒu

十来个人，这些也许还不够呢。
shí lái ge rén, zhèxiē yěxǔ hái búgòu ne.

第15課

訳

係員：お求めのものは，いま数がなくなっております，こちらではいかがですか？

大空：これでもいいですよ，ちょっと選ばせてください．

宋課長：これ，みんな買うのですか？　こんなにたくさんはんこを作るんですか？

大空：ご存じないでしょうけれど，私の課だけで10人ぐらいいるのですよ，これでも足りないくらいです．

単語

【刻】　kè　彫る，はんこを作る．
【光】　guāng　ただ～だけで．
【十来个人】　shí lái ge rén　10人ぐらい．"来"は「～前後，ぐらい」を表す．
【也许】　yěxǔ　おそらく，たぶん．
【不够】　búgòu　足りない，不足である．

発音よければ…

日本人の苦手な音

1）e まずoを発音，口の中の舌の位置はそのままにして，唇のまるめをとる．背中にブスリとナイフを突き立てられた時に，のどの奥から出るような「ウ」．

2）u 日本語の「ウ」ではない．思い切り唇をまるめて突き出し，かつ口の奥から，〈突き出しのウ〉

3）ü 上のuを言う唇の形をつくり，「イ」を発音．ちょっと気どってストローを吸うような口の形．〈すぼめのユ〉

服务员：您 刻 什么 字体 的？
Nín kè shénme zìtǐ de?

大空：我 自己 的 刻 篆字 的，送 人 的
Wǒ zìjǐ de kè zhuànzì de, sòng rén de

呢，刻 这个 15 号 的，好看。
ne, kè zhèige shíwǔ hào de, hǎokàn.

宋科长：这么 多，两 三 天 刻得完 吗？他们
Zhème duō, liǎng sān tiān kèdewán ma? Tāmen

24 号 要 回 国。
èrshisì hào yào huí guó.

服务员：没 问题，23 号 晚上 我们 保证 刻好
Méi wèntí, èrshisān hào wǎnshang wǒmen bǎozhèng kèhǎo

给 您 送去。
gěi nín sòngqu.

大空：那 就 拜托 您 了。
Nà jiù bàituō nín le.

服务员：没 问题，您 放心 吧。
Méi wèntí, nín fàngxīn ba.

第15課

訳

係員：どの字体で彫りましょうか？

大空：僕の分は篆書(てんしょ)で彫ってください，人にあげる分はこの15番で彫ってください，すっきりしているから．

宋課長：こんなにたくさん，2，3日で彫り終わりますか？ こちらの方は24日に帰国するのですが．

係員：大丈夫です，23日の夜には間違いなく彫りあげてお届けします．

大空：それではお願いします．

係員：大丈夫です，ご安心ください．

単語

【篆字】　zhuànzì　篆書．

【刻得完】　kèdewán　彫り終えることができる．否定形は"刻不完"kè buwán（彫り終えることができない）．

【保証】　bǎozhèng　〜を保証する．間違いなく〜する．

【拜托】　bàituō　依頼する，頼む．

语法手册

一

光我们科的就有十来个人。
Guāng wǒmen kē de jiù yǒu shí lái ge rén.
私たちの課だけで，10人ぐらいいるのです.

1）範囲を限定する働きをする"光"です.

> 光伙食费每个月就要花费5万日元。
> Guāng huǒshífèi měi ge yuè jiù yào huāfèi wǔwàn rìyuán.
> 食費だけで，毎月5万円もかかる.

> 他家养了很多宠物，光狗就养了3条。
> Tā jiā yǎngle hěn duō chǒngwù, guāng gǒu jiù yǎngle sān tiáo.
> 彼の家ではたくさんペットを飼っている．犬だけでも3匹もいる．

動詞や形容詞の前にも置かれます.

> 别光听我说，你也说说吧。
> Bié guāng tīng wǒ shuō, nǐ yě shuōshuo ba.
> 私の話を聞いているばかりじゃなくて，あなたも話しなさい.

> 光急躁是没有用的。
> Guāng jízào shì méiyou yòng de.
> 焦っているばかりじゃ，どうにもなりません.

2）"来"は概数を表します.「～ぐらい．前後」の意味です．"十来个人"なら「10人ぐらい」ということです．10とか，20といった切りのいい整数の後に続きます.

　　　十来个人　　二十来个人　　三十来岁　　三百来人

ただし，度量衡や時間量詞の場合は，数量詞の後に"来"が来ます.

　　　三里来路　　三斤来重　　三点来钟

第 15 課

　また，最後の名詞が，月や時間のような集合量を表す名詞の場合は，次のような言い方も可能です.

　　　一个来月　　　一个来小时

以上の規則は，「～あまり」を表す"多"も同じです.
参照 "十来个人"の文法. p. 153

二 我们保证刻好给您送去。
Wǒmen bǎozhèng kèhǎo gěi nín sòngqu.
間違いなく，ちゃんと仕上げてお届けします.

　"保证"は「～を保証する」という動詞です．そこから，副詞的に「間違いなく，必ず」と訳される場合があります.

　　　保证完成任务　　bǎozhèng wánchéng rènwu
　　　　　　　　　　　　　　　　　　（任務を必ず遂行します）
　　　保证不走漏消息　　bǎozhèng bù zǒulòu xiāoxi
　　　　　　　　　　　　　　（外に情報を漏らさぬことを保証します）
　　　保证参加会议　　bǎozhèng cānjiā huìyì
　　　　　　　　　　　　　　　　　（きっと会議に参加します）

　"送去"は，物を相手のところまで「送り届ける」の意.

◆「おくる」のいろいろ

日本語	中国語	ピンイン
ファックスを送る	发传真	fā chuánzhēn
小包みを送る	寄包裹	jì bāoguǒ
客を送る	送客人	sòng kèren
品物を贈る	赠送礼品	zèngsòng lǐpǐn
会議に人をおくる	派人参加会议	pài rén cānjiā huìyì
表彰状を贈る	授予奖状	shòuyǔ jiǎngzhuàng

文法 奥の細道

CD51 售货员：小姐，要 点儿 什么？我们 这儿 的 水果
shòuhuòyuán: Xiǎojie, yào diǎnr shénme? Wǒmen zhèr de shuǐguǒ

都 很 新鲜，管保 您 满意。
dōu hěn xīnxian, guǎnbǎo nín mǎnyì.

加那：这 苹果 甜 吗？
Zhè píngguǒ tián ma?

售货员：不 甜 不 要 钱。您 尝尝。您 买 多少？
Bù tián bú yào qián. Nín chángchang. Nín mǎi duōshao?

加那：**我 买 五 来 个。多少 钱 一 个？**
Wǒ mǎi wǔ lái ge. Duōshao qián yí ge?

【添削】

加那：**我 买 五 六 个。多少 钱 一 个？**
Wǒ mǎi wǔ liù ge. Duōshao qián yí ge?

售货员：苹果 论 斤 卖，我 给 您 称称。
Píngguǒ lùn jīn mài, wǒ gěi nín chēngcheng.

好惠：多少 钱 一 斤？
Duōshao qián yì jīn?

售货员：两 块 五 一 斤。您 这 是 五 斤 一
Liǎng kuài wǔ yì jīn. Nín zhè shì wǔ jīn yì

两。还 要 别 的 吗？
liǎng. Hái yào bié de ma?

好惠：不 要 了。
Bú yào le.

售货员：五 斤 一 两，十二 块 七 毛 五。
Wǔ jīn yì liǎng, shí'èr kuài qī máo wǔ.

第 15 課

今日の一句

"来"あらばプラスマイナス一、二割 茂

光我们科的就有十来个人。
Guāng wǒmen kē de jiù yǒu shí lái ge rén.
私たちの課だけで，10人ぐらいいるのです．

"来"は概数を表します．「〜ぐらい．前後」の意味です．
"十来个人"なら「10人ぐらい」ということです．10とか20といった切りのいい整数の後に続きます．

　　十来个人　　二十来个人　　三十来岁　　三百来人

「5個ぐらい」というときは，"五来个"ではなくて"五六个"といいます．

店員：お嬢さん，何を差し上げましょう．うちの果物は新鮮だよ，絶対ご満足いただけますよ．
加那：このリンゴ甘い？
店員：甘くなければ，お代はいりません．ちょっと味見してみてください．いかほど差し上げましょう？
加那：5個ぐらいください．1ついくらですか？

⬇

加那：5，6個ください．1ついくらですか？
店員：リンゴは1斤いくらの量り売りだから，量ってみましょう．
好恵：1斤（500グラム）いくらですか？
店員：1斤で2元5角だよ．これは5斤1両だね．ほかには何か？
好恵：いいえ，結構です．
店員：じゃ5斤1両で，12元7角5分だ．

単語

【水果】shuǐguǒ　果物．
【管保】guǎnbǎo　間違いなく，〜を保証する．
【苹果】píngguǒ　リンゴ．
【尝】cháng　味わう．
【论斤卖】lùn jīn mài　一斤いくらの量り売り．
【称】chēng　重さをはかる．
【两】liǎng　重さの単位，"1両"＝50g．

字あまり

让我挑挑。
Ràng wǒ tiāotiao.
私に選ばせて下さい

　中国のお店で買い物をする．例えば，陶器の筆立てが欲しい．「それを見せて下さい」と言えば，ショーケースの中から，1つ取り出してくれるだろう．

　手にとって眺めていると，ショーケースの中には，同じようなものがまだたくさんある．どうも，中国のものは，形や色の具合が一つ一つ微妙に違う．そこで，「この中のもの，全部見せて下さい」とお願いする．このとき，

　　把这些都给我看看．　Bǎ zhèxiē dōu gěi wǒ kànkan.

と言って間違いではないが，こういう場合はズバリ

　　让我挑挑．　Ràng wǒ tiāotiao.　（私に選ばせて下さい）

と言うのがいい．これは中国での買い物には欠かせない一言．いびつなのや，ちょっと色合いのおかしなものや，そういう中からマシなものを選ぶには必須の買い物用語である．

　これを口から発するや，まずどんな売り子さんでも，ショーケースの中にある商品を，さあ存分に見ろと言わんばかりに取り出してくれる．このセリフ，どうやら，消費者の頼もしい味方なのである．

　もう少し丁寧にしたければ，

　　让我挑挑　|好吗？|
　　　　　　　|行吗？|
　　　　　　　|可以吗？|

と，後にいろいろつければいい．意味はいずれも「よろしいですか」，ぐっと表現がやわらかくなる．

　キーワードは"挑"tiāo．これは「自分の好みや，必要に応じて自由気ままに選ぶ」こと．例えば，ここにケーキが5個ある．どれでも好きなのをとりなさい，というのが"挑"．お好みをものをひょいとつまみ出す．そんなニュアンスである．「お客様は神様である」という気分がちょっぴり味わえる．

刻图章

kè túzhāng
はんこを作る

　はんこを作ることを"刻图章"という．中国に行けば，真っ先に思い浮かぶお土産ではないだろうか．

　まず，お店で印材を買う．これは大きく2種類に分かれる．印材には金属や玉，水晶などの硬質のものと，石，水牛の角などの軟質のものとがある．硬いものは，手で彫ることはできない．機械彫りになる．

　芸術的というか，いかにも文人好みの味を出すなら軟らかい石を求める．石を選んだら，次はどんな字体で彫ってもらうかを決める．いろいろな字体のサンプルがあるから，それを見て指定する．篆刻というぐらいだから，篆書が最も似合う．しかし，それよりも古い甲骨文や金文も面白い．

　文字が赤く出る彫りを，朱文あるいは"阳文"yángwén といい，逆に文字のところが白く出るのを，白文または"阴文"yīnwén という．普通のはんこは朱文である．

　旅行では出来上がりの日を確認するのを忘れないようにする．そこを離れる日を告げれば，たいていは間に合わせてくれる．

　北京に1年余滞在したことがある．その時，手すさびに篆刻のまね事をした．日本に帰ってからも，暇があると刀を握っていた．引っ越しなどでその土地を離れるという時，お世話になった方に，それこそ遊び心で印章を彫って差し上げたりした．今から思うと，あるいは迷惑ではなかったか．中国の印章は遊び心の現れ，文人趣味である．

　例えば，彫り上げて，最後に印の周辺に刀のつかを乱暴にぶつけて，少し欠けさせる．こうすると味が出る．ところが，日本では縁の欠けた印章は縁起が悪いなどといって，これを嫌う人がいる．それじゃ"古雅"な味が出ない．

　ここらあたり，機能性を重んじる日本人と，はんこは芸術であるとする中国人との違いがある．

　我々がはんを押すところ，中国ではサインである．

旅の道連れ
フレーズ170

買い物，お店で

CD 52

―ついくらですか．
多少钱一个？　　Duōshao qián yí ge?

1枚180元です．
180一件。　　Yìbǎi bā yí jiàn.

全部でいくらですか．
一共多少钱？　　Yígòng duōshao qián?

ほかの色のはありますか．
还有别的颜色的吗？　　Hái yǒu biéde yánsè de ma?

高いなあ．少し安くなりませんか．
太贵了。能不能便宜点儿？　　Tài guì le. Néng bu néng piányi diǎnr?

2つで300元でどうですか．
300块两件卖不卖？　　Sānbǎi kuài liǎng jiàn mài bú mài?

ほかに何かご入用ですか．
还要别的吗？　　Hái yào biéde ma?

結構です．これだけです．
不要了。就这些。　　Búyào le. Jiù zhèxiē.

これを見せてください．
请给我看看这个。　　Qǐng gěi wǒ kànkan zhèige.

選んでよいですか．
可以挑吗？　　Kěyǐ tiāo ma?

財布はどこで売ってますか．
钱包在哪儿卖？　　Qiánbāo zài nǎr mài?

見ているだけです．
我随便看看。　　Wǒ suíbiàn kànkan.

152

カシミアのセーターはありますか．
有羊绒衫吗？　Yǒu yángróngshān ma?

試着していいですか．
可以试试吗？　Kěyǐ shìshi ma?

小さなサイズのものはありますか．
有小号的吗？　Yǒu xiǎohào de ma?

別々に包んでください．
麻烦您分开包。　Máfan nín fēnkāi bāo.

スイカはいくらですか（どういう売り方ですか）．
西瓜怎么卖？　Xīguā zěnme mài?

ハミ瓜はありますか．
有哈密瓜吗？　Yǒu hāmìguā ma?

リンゴは1斤（500g）いくらですか．
苹果多少钱一斤？　Píngguǒ duōshao qián yì jīn?

ぶどうを一房ください．
来一串葡萄。　Lái yí chuàn pútao.

"十来个人"の文法

　"十来个人"とは「10人ぐらいの人」ということ．"来"は直前の単位にかかり，その「±1割〜2割」を表します．ですから，"十来个人"なら10＋（10×±1〜2割），つまり8〜12人ぐらいの幅のある概数を表します．"来"の前が10とか20といった切りのいい整数でないといけないとされるのは，もし7とか8という半端な数だと，上の式に当てはめてみると5.6人とか8.4人といったおかしな数になってしまうからです．統計的な処理をするならともかく，日常的なおよその数ですから，人数に小数点などおかしいわけです．それで"三十来个人"とか"五十来枝铅笔"とかしかいえないのです．

　ところが，度量衡とか時間は，小数点があっても意味をもちます．1.4斤といういい方は普通の生活でもありうること．要するに連続量のものは，数詞がまとまった整数でなくともよいわけです．

　概数を表す"来"や"多"については，その置かれる位置とか数詞の性質とか量詞のタイプとか，細かな制限がありますが，それぞれ理由があるのです．

第十六課

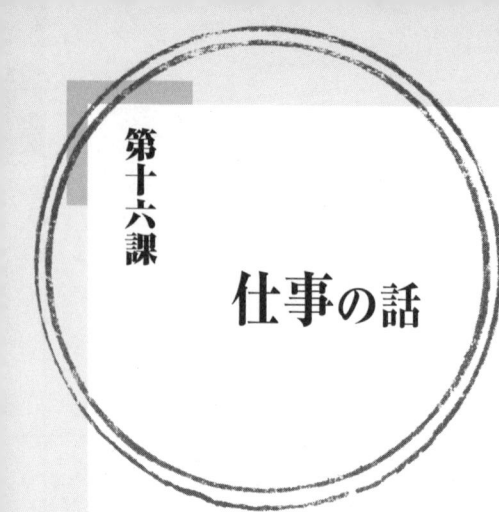

仕事の話

中国人スタッフとの打ち合わせが続いています.

CD53 宋科长：这 是 根据 昨天 我们 商谈 的 结果
　　　　　Zhè shì gēnjù zuótiān wǒmen shāngtán de jiéguǒ

　　　　　整理 的。你们 看看 还 有 没有 什么
　　　　　zhěnglǐ de. Nǐmen kànkan hái yǒu méiyou shénme

　　　　　需要 补充 的？
　　　　　xūyào bǔchōng de?

大空：这 是 我们 整理 的，也 请 大家 过过
　　　 Zhè shì wǒmen zhěnglǐ de, yě qǐng dàjiā guòguo

　　　 目。
　　　 mù.

松尾：关于 培训 这 项，因为 有 很 多 准备
　　　 Guānyú péixùn zhèi xiàng, yīnwèi yǒu hěn duō zhǔnbèi

　　　 工作 要 做，所以 我们 希望 能 尽快
　　　 gōngzuò yào zuò, suǒyǐ wǒmen xīwàng néng jǐnkuài

　　　 知道 具体 的 日程 和 人员。
　　　 zhīdao jùtǐ de rìchéng hé rényuán.

第16課

訳

宋課長：これは，昨日の話し合いの結果をもとに，まとめたものです．ごらんください，ほかに何か補充する点はありませんか？

大空：こちらは私たちが整理したものです．皆さん目を通してください．

松尾：研修の件に関しては，いろいろとやらねばならない準備作業があるものですから，できるだけ早く具体的な日程と人員を知りたいのですが．

単語

【根据】 gēnjù ～に基づく．
【商谈】 shāngtán （仕事上のことを）話し合う．討議する．
【补充】 bǔchōng 補う．補充する．
【过目】 guòmù 目を通す．
【培训】 péixùn 研修する．
【尽快】 jǐnkuài できるだけ早く（jìnkuàiと発音されることもある）．

発音よければ…

3つのi——同じiでも音色が違う

するどいi ：起 qǐ (ji qi xi)
こもったi ：是 shì (zhi chi shi ri)
口を平らにするi：次 cì (zi ci si)

宋科长：我们 争取 尽快 把 它 落实下来。
Wǒmen zhēngqǔ jǐnkuài bǎ tā luòshíxialai.

松尾：下 次 商谈 的 日期 是 下 个 月底，
Xià cì shāngtán de rìqī shì xià ge yuèdǐ,

地点 在 东京 我们 公司，可以 吗？
dìdiǎn zài Dōngjīng wǒmen gōngsī, kěyǐ ma?

宋科长：可以。到时 我们 会 带去 样品 的，等
Kěyǐ. Dàoshí wǒmen huì dàiqu yàngpǐn de, děng

订了 飞机票 就 马上 通知 你们。
dìngle fēijīpiào jiù mǎshàng tōngzhī nǐmen.

大空：接送、住宿 这些 事儿 由 我 具体 负责，
Jiēsòng, zhùsù zhèxiē shìr yóu wǒ jùtǐ fùzé,

有 什么 要求 请 跟 我 联系。
yǒu shénme yāoqiú qǐng gēn wǒ liánxì.

宋科长：那 我们 就 开始 起草 《备忘录》 吧。
Nà wǒmen jiù kāishǐ qǐcǎo «bèiwànglù» ba.

松尾：好 吧，开始 吧。
Hǎo ba, kāishǐ ba.

第16課

訳

宋課長：では，できるだけ早く具体化するようにいたしましょう．

松尾：次回の話し合いの日は来月末，場所は東京のわが社でということで，よろしいでしょうか？

宋課長：結構です．その時にはサンプル持参で行きます．飛行機のチケットがとれたら，すぐに連絡します．

大空：送迎と宿については私が担当ですから，何かご要望がございましたら，私にご連絡ください．

宋課長：それでは，覚書の作成を始めましょうか．

松尾：ええ，始めましょう．

単語

【落実】 luòshí 具体化する．実施できるようにする．
【月底】 yuèdǐ 月末．
【样品】 yàngpǐn 見本．サンプル．
【接送】 jiēsòng 送り迎え．
【由】 yóu ～によって．～が．（主体を導く前置詞）
【起草】 qǐcǎo 起草する．
【备忘录】 bèiwànglù 備忘録．

语法手册

一

有很多准备工作要做。
Yǒu hěn duō zhǔnbèi gōngzuò yào zuò.
やらねばならない多くの準備作業があります。

「多い」や「少ない」という言葉は，直接名詞を修飾しにくい性質をもっています。日本語でも「多い本」とか「少ない人」とは言いません。中国語では，"好多学生" hǎo duō xuésheng，"这么多的车" zhème duō de chē のように，必ず"多"の前に何らかの修飾成分を加えます。最もよく使われるのが，"很"です。

我说了很多好话，他才答应下来。
Wǒ shuōle hěn duō hǎohuà, tā cái dāyingxialai.
たくさんうまいことを言ったら，彼はやっと承諾した。

我查了很多资料，可是查不到。
Wǒ chále hěn duō zīliào, kěshì chábudào.
私はたくさんの資料に当たったが，調べがつかなかった。

他已经存了不少钱。　Tā yǐjing cúnle bù shǎo qián.
彼はもうかなりのお金をためている。

同じように「たくさん」の意味を表す"许多"には，このような制限はありません。これは，"许多"が数詞と見なされるからです。

这个商店的许多商品都是进口的。
Zhèige shāngdiàn de xǔduō shāngpǐn dōu shì jìnkǒu de.
このお店の多くの商品は輸入品です。

我问了许多人，谁也不知道。
Wǒ wènle xǔduō rén, shéi yě bù zhīdào.
私はたくさんの人に聞きましたが，だれも知りませんでした。

第 16 課

二 等订了飞机票就马上通知你们。
Děng dìngle fēijīpiào jiù mǎshàng tōngzhī nǐmen.
航空券がとれたら，すぐにあなた方にお知らせいたします．

"等"は，本来「～を待つ」という意味ですが，そこから派生して「～するのを待って→～してから」と，ある動作が完了する時間を表します．

等大家来齐了，我们就出发吧。
Děng dàjiā láiqí le, wǒmen jiù chūfā ba.
みんなそろったら，すぐ出発しましょう．

等放了暑假，我要去中国旅行。
Děng fàngle shǔjià, wǒ yào qù Zhōngguó lǚxíng.
夏休みになったら，私は中国に旅行に行きます．

等雨停了再走吧。　Děng yǔ tíng le zài zǒu ba.
雨がやんだら，出かけましょう．

三 这些事儿由我具体负责。
Zhèxiē shìr yóu wǒ jùtǐ fùzé.
これらのことは，私が実際に担当いたします．

"由"は前置詞で，後に，動作をするのはだれか，すなわち行為の主体を導きます．

下午的会议由谁主持？　Xiàwǔ de huìyì yóu shéi zhǔchí?
午後の会議は，だれが議長をするのですか？

这件事不能由我一个人决定。
Zhèi jiàn shì bù néng yóu wǒ yí ge rén juédìng.
この件は，私の一存では決められません．

这件事由他管，你去问问他。
Zhèi jiàn shì yóu tā guǎn, nǐ qù wènwen tā.
この件は彼が取りしきっているから，彼に尋ねてください．

文法 奥の細道

A：中国人の青年

A：可以　坐在　这儿　吗？
　　Kěyǐ　zuòzài　zhèr　ma?

好惠：对不起，这儿　有　人，马上　就　来。
　　　Duìbuqǐ,　zhèr　yǒu　rén,　mǎshàng　jiù　lái.

A：过了　这么　半天　也　没　来，咱们　一起　去
　　Guòle　zhème　bàntiān　yě　méi　lái,　zánmen　yìqǐ　qù

卡拉OK　吧。
kǎlāOK　ba.

好惠：**我们　有　多　的　事情　要　做，没有　时间　去。**
　　　Wǒmen　yǒu　duō　de　shìqing　yào　zuò,　méiyou　shíjiān　qù.

【添削】

好惠：**我们　有　很　多　事情　要　做，没有　时间　去。**
　　　Wǒmen　yǒu　hěn　duō　shìqing　yào　zuò,　méiyou　shíjiān　qù.

加那：你　快　看，他们　来　了。
　　　Nǐ　kuài　kàn,　tāmen　lái　le.

妹妹：刚才　那　两　个　人　是　谁？
　　　Gāngcái　nà　liǎng　ge　rén　shì　shéi?

加那：他们　在　这儿　纠缠了　半天，我们　不　认识。
　　　Tāmen　zài　zhèr　jiūchánle　bàntiān,　wǒmen　bú　rènshi.

张平：都　是　你，出　个　门儿　左　打扮　右　打扮
　　　Dōu　shì　nǐ,　chū　ge　ménr　zuǒ　dǎban　yòu　dǎban

的。
de.

好惠：你们　别　在意，我们　不　要紧　的。
　　　Nǐmen　bié　zàiyì,　wǒmen　bú　yàojǐn　de.

第16課

今日の一句

たくさんの本というなら "很多书"〈茂〉

有很多准备工作要做.
Yǒu hěn duō zhǔnbèi gōngzuò yào zuò.
やらねばならない多くの準備作業があります.

「多い本」とか「少ない人」とは日本語でも言いません.これは「厚い本」や「きれいな絵」というのが本や絵の性質を規定しているのに対し,「多い本」や「少ない人」は単に数量を述べているだけだからと言われています.
中国語ではそもそも単音節形容詞は直接名詞を修飾しにくいのです.「厚い本」も"厚书"ということはできず,"很厚的书" hěn hòu de shū のように言います.もちろん"好人" hǎorén(良い人,善人)とか"高山" gāoshān(高い山,高山)のように単語並みに結合が緊密なものもありますが,一般には直接結合はできないのです.
そんなわけで,"多"や"少"は性質規定の働きがないので,"好多学生" hǎo duō xuésheng や"不少人" bù shǎo rén のようにフレーズにして修飾します.最もよく使われるのが"很" hěn です.

訳

　　A：ここに座ってもいい？
好恵：ごめんなさい.ここは人がいるんです.すぐに来ます.
　　A：これだけ待っても来ないんだから,一緒にカラオケに行こうよ.
好恵：私たち,やらなければならないことがたくさんあるので,行く時間がありません.

↓

好恵：私たち,やらなければならないことがたくさんあるので,行く時間がありません.
加那：あ,ほら,来たわ.
　妹：いまの2人,だれ？
加那：ここでしつこく付きまとっていたのよ.知らない人.
張平：おまえのせいだよ.出るとなると,支度に時間がかかるんだから.
好恵：気にしないで.何ともないから.

単語

【卡拉OK】kǎlāOK　カラオケ.
【刚才】gāngcái　たったいま.
【纠缠】jiūchán　まとわりつく.
【不认识】bú rènshi　（人や場所を）知らない.
【左～右～】zuǒ～yòu～　同じ動作を何度もくりかえすことを表す.
　　　　　　例："左思右思"（何度もあれこれ考える）
【打扮】dǎban　身支度する.
【在意】zàiyì　気にかける.（多く否定形で）

第十七課

道に迷う

太田さんと山村さん，どうやら道に迷ってしまったようです．

CD56 好惠：请问， 去 王府 饭店 怎么 走？ 我们
　　　　 Qǐngwèn, qù Wángfǔ fàndiàn zěnme zǒu? Wǒmen

　　　　 迷路 了。
　　　　 mílù le.

过路人：有 地图 吗？
　　　　 Yǒu dìtú ma?

加那：有。
　　　 Yǒu.

过路人：那 你们 拿出 地图 来， 看着 地图 一
　　　　 Nà nǐmen náchu dìtú lai, kànzhe dìtú yì

　　　　 说 就 明白 了。
　　　　 shuō jiù míngbai le.

加那：在 这儿 呢。 我们 现在 在 什么
　　　 Zài zhèr ne. Wǒmen xiànzài zài shénme

　　　 地方？
　　　 dìfang?

第17課

訳

好恵：すみません．王府飯店にはどう行くのですか？ 道に迷ってしまったんです．
通行人：地図を持っていますか？
加那：持っています．
通行人：じゃあ地図を出して．地図を見ながら説明すれば，すぐに分かりますよ．
加那：ここにあります．私たちは今どこにいるのですか？

単語

【迷路】 mílù　道に迷う．
【过路人】 guòlùrén　通行人．通りすがりの人．
【地图】 dìtú　地図．
【一〜就〜】 yī〜jiù〜　〜するとすぐ〜する．

発音よければ…

語気助詞 "啊" a

"啊" は，前にどのような音がくるかで音色が変わるが，基本的には前の音に続けて自然に，なめらかに発音すればよい．

有啊　yǒu a　→ yǒu wa（哇）　　小心啊　xiǎoxin a → xiǎoxin na（哪）
是啊　shì a　→ shì ra（啊）　　对啊　duì a　　→ duì ya（呀）

过路人：你们 走到 这 条 死胡同 里 来 了。
Nǐmen zǒudào zhèi tiáo sǐhútòng li lái le.

得 走回去，从 这儿 往 右 拐。
Děi zǒuhuiqu, cóng zhèr wǎng yòu guǎi.

好惠：这儿 有 厕所 吗？
Zhèr yǒu cèsuǒ ma?

过路人：这儿 没有。出了 胡同，左边儿 就 有
Zhèr méiyou. Chūle hútòng, zuǒbianr jiù yǒu

个 收费 公厕。
ge shōufèi gōngcè.

加那：从 地图 上 看，这 附近 应该 有
Cóng dìtú shang kàn, zhè fùjìn yīnggāi yǒu

地铁 车站 啊。
dìtiě chēzhàn a.

过路人：地铁站，有 哇。你们 要 坐 地铁，得
Dìtiězhàn, yǒu wa. Nǐmen yào zuò dìtiě, děi

再 往 前 走 三 四 百 米。
zài wǎng qián zǒu sān sì bǎi mǐ.

加那：谢谢 您 了。
Xièxie nín le.

过路人：不谢。
Búxiè.

第17課

訳

通行人：あなたたちは，この袋小路に入ってしまったのですよ．戻らなければなりません．そして，ここから右に曲がるのですよ．

好恵：ここにトイレはありますか？

通行人：ないんですよ．横町を出て，左に有料トイレがあります．

加那：地図では，この付近に地下鉄の駅があるはずなんですが．

通行人：駅ならありますよ．地下鉄に乗るのなら，前方にあと3,400メートル行かないといけないけど．

加那：どうもありがとうございました．

通行人：どういたしまして．

単語

【死胡同】　sǐhútòng　袋小路．

【拐】　guǎi　角を曲がる．

【收费公厕】　shōufèi gōngcè　有料トイレ．

【地铁车站】　dìtiě chēzhàn　地下鉄の駅．

【不谢】　búxiè　"谢谢"に対する返事「どういたしまして」．

语法手册

一

请问，去王府饭店怎么走?
Qǐngwèn, qù Wángfǔ fàndiàn zěnme zǒu?
すみませんが，王府飯店にはどう行けばいいのでしょうか？

　"怎么"の用法は大きく2つ，1つは，「どのように，どういう風に，どうやって」と方式，やり方を問うものです．この場合，"怎么"の直後に動作を表す動詞が続きます．

　这个字怎么念？　Zhèige zì zěnme niàn?
　この字はどう読みますか？

　去王府饭店怎么倒车？　Qù Wángfǔ fàndiàn zěnme dǎo chē?
　王府飯店に行くには，どういう風に乗り換えたらいいですか？

　もう1つは，「どうして，なぜ」といぶかる気持を表すものです．

　你怎么不带地图？　Nǐ zěnme bú dài dìtú?
　君はどうして地図を持ってこなかったの？

　这么重要的东西怎么丢了？
　Zhème zhòngyào de dōngxi zěnme diū le?
　こんな大事なものを，どうしてなくしてしまったの？

　また，文末に"了"があれば，「いぶかりの"怎么"」，"的"があれば「方式の"怎么"」です．

　你怎么来了？　Nǐ zěnme lái le?
　なぜここにやってきたの？

　你怎么来的？　Nǐ zěnme lái de?
　どうやってここに来たの？

第 17 課

二 那你们拿出地图来，看着地图一说就明白了。
Nà nǐmen náchu dìtú lai, kànzhe dìtú yì shuō jiù míngbai le.
じゃあ地図を出してください．地図を見ながら説明すれば，すぐ分かりますよ．

1) 方向補語と目的語の語順に注意しましょう．上のように命令文のときは，目的語が"来／去"の前に置かれます．

　　快拿出杯子来！　　Kuài náchu bēizi lai!
　　早くコップを持ってきて！

このほか，目的語が場所を表すのであれば，無条件に"来／去"の前になります．

　　麻烦你把行李运回家去。
　　Máfan nǐ bǎ xíngli yùnhui jiā qu.
　　すみませんが，荷物を家まで運んでください．

　　你看完就还回图书馆去吧。
　　Nǐ kànwán jiù huánhui túshūguǎn qu ba.
　　読み終わったら，図書館に返しておいて．

2) 上の例文ではもう1つ，"一～就～"の形を覚えておきましょう．

　　这里交通方便，一出门就是车站。
　　Zhèli jiāotōng fāngbiàn, yì chū mén jiù shì chēzhàn.
　　ここは交通の便がよく，家を出るとすぐにバス停がある．

　　她很腼腆，一说话就脸红。
　　Tā hěn miǎntiǎn, yì shuōhuà jiù liǎn hóng.
　　彼女は恥ずかしがりやで，口を開くとパッと顔が赤くなる．

文法 奥の細道

CD58 大空：有 没有 颜色 一样 的？
　　　　　Yǒu méiyou yánsè yíyàng de?

售货员：没有，这 都 是 手工 画 的，多少 都
　　　　　Méiyou, zhè dōu shì shǒugōng huà de, duōshǎo dōu

　　　　有点儿 不 一样。
　　　　yǒudiǎnr bù yíyàng.

大空：一 套 多少 钱？
　　　　Yí tào duōshao qián?

售货员：一百 九。
　　　　　Yìbǎi jiǔ.

大空：太 贵 了。能 不 能 便宜 点儿？
　　　　Tài guì le. Néng bù néng piáiyi diǎnr?

我 想 多 买 几 套 带回去 日本。
Wǒ xiǎng duō mǎi jǐ tào dàihuiqu Rìběn.

添削

大空：**我 想 多 买 几 套 带回 日本 去。**
　　　　Wǒ xiǎng duō mǎi jǐ tào dàihui Rìběn qu.

售货员：您 要 几 套？
　　　　　Nín yào jǐ tào?

大空：三 套，五百 怎么样？
　　　　Sān tào, wǔbǎi zěnmeyàng?

售货员：好 吧。算 您 走运，五百 就 五百 吧。
　　　　　Hǎo ba. Suàn nín zǒuyùn, wǔbǎi jiù wǔbǎi ba.

第17課

今日の一句

場所名詞前に置くべし "来、去"の

那你们拿出地图来，看着地图一说就明白了。
Nà nǐmen náchu dìtú lai, kànzhe dìtú yì shuō jiù míngbai le.
じゃあ地図を出してください．地図を見ながら説明すれば，すぐわかりますよ．

　方向補語と目的語の語順に注意しましょう．上のように命令文のときは，目的語が"来／去"の前に置かれます．
　また，目的語が場所を表すのであれば，無条件に"来／去"の前になります．
　　麻烦你把行李运回家去．　Máfan nǐ bǎ xíngli yùnhui jiā qu.
　　すみませんが，荷物を家まで運んでください．
　また"回过头去"huíguo tóu qu（ふり返る）のような身体部位名詞も"来／去"の前です．

訳

大空：同じ色のものがありますか？
店員：ないんです．皆手描きですから，どれも多少は違ってしまうのです．
大空：1 そろいでいくらですか？
店員：190元です．
大空：高いなあ．ちょっと安くなりませんか？　いくつか多めに買って，日本に持ち帰りたいので．

↓

大空：高いなあ．ちょっと安くなりませんか？　いくつか多めに買って，日本に持ち帰りたいので．
店員：いくつお入り用ですか？
大空：3セット，500元でどうですか？
店員：いいでしょう．お客さんはついてますよ．500元にしましょう．

単語

【颜色】yánsè　色．
【一样】yíyàng　同じである．
【手工】shǒugōng　手作業．
【多少】duōshǎo　多少．多かれ少なかれ．なお，"多少钱？"というときの"多少"は疑問詞で，発音もduōshaoのように後部音節が軽声化しているので，区別することが必要である．
【套】tào　そろい．セットのものを数える．
【算】suàn　〜と見なす，考える．
【走运】zǒuyùn　運がいい．幸運である．

旅の道連れ フレーズ170

場所，道をたずねる

CD 59

すみません，王府井にはどう行きますか．
请问，去王府井怎么走？　Qǐngwèn, qù Wángfǔjǐng zěnme zǒu?

近くに郵便局はありますか．
这附近有没有邮局？　Zhè fùjìn yǒu méiyou yóujú?

近くに地下鉄の駅はありますか．
这附近有地铁站吗？　Zhè fùjìn yǒu dìtiězhàn ma?

銀行はどこですか．
银行在哪儿？　Yínháng zài nǎr?

あとどのぐらい行かなければなりませんか．
还要走多远？　Hái yào zǒu duō yuǎn?

まっすぐ行けばバンドに着きますか．
一直走能到外滩吗？　Yìzhí zǒu néng dào Wàitān ma?

近くにコーヒーの飲めるところはありますか．
这附近有没有能喝咖啡的地方？
Zhè fùjìn yǒu méiyou néng hē kāfēi de dìfang?

歩いてゆくとどのぐらいかかりますか．
走着去要多长时间？　Zǒuzhe qù yào duō cháng shíjiān?

この近くに大きなマーケットがあると聞きましたが，ご存知ですか．
听说这附近有一个大商场，你知道吗？
Tīngshuō zhè fùjìn yǒu yí ge dà shāngchǎng, nǐ zhīdao ma?

ここから一番近いネットカフェにどう行けばいいですか．
离这儿最近的网吧怎么走？　Lí zhèr zuì jìn de wǎngbā zěnme zǒu?

私は道に迷いました．
我迷路了。　Wǒ mílù le.

簡単な地図を描いてくれませんか．
能不能给我画一张简单的地图？
Néng bù néng gěi wǒ huà yì zhāng jiǎndān de dìtú?

民族飯店に戻りたいのですが，どうやってゆけばよいのですか．
我想回民族饭店，应该怎么走？
Wǒ xiǎng huí Mínzú fàndiàn, yīnggāi zěnme zǒu?

すみませんが，ここはどこですか．
请问，这儿是什么地方？　　Qǐngwèn, zhèr shì shénme dìfang?

この通りは何という通りですか．
这条街叫什么名字？　　Zhè tiáo jiē jiào shénme míngzi?

ここから遠いですか．
离这儿远吗？　　Lí zhèr yuǎn ma?

歩いてゆけますか．
能走着去吗？　　Néng zǒuzhe qù ma?

もう一度おっしゃってください．
请再说一遍。　　Qǐng zài shuō yí biàn.

英語ができますか．
你会说英语吗？　　Nǐ huì shuō Yīngyǔ ma?

ここに書いてください．
请你写在这儿。　　Qǐng nǐ xiězài zhèr.

すみません，このバスは北京駅に行きますか．
请问这路车到不到北京站？　　Qǐngwèn zhè lù chē dào bú dào Běijīngzhàn?

すみません，本屋はこちらへ行けばいいですか．
对不起，去书店是往这边儿走吧？
Duìbuqǐ, qù shūdiàn shì wǎng zhèbianr zǒu ba?

関連語句				
	公衆トイレ		マクドナルド	
	公共厕所	gōnggòng cèsuǒ	麦当劳	Màidāngláo
	公衆電話		コンビニ	
	公用电话	gōngyòng diànhuà	便利店	biànlìdiàn
	ホテルに帰る		道案内する	
	回饭店	huí fàndiàn	带路	dàilù

第十八課

朝の天安門広場

太田さん，山村さん，朝の天安門広場に観光に来ました．

C＝太極拳をしている人

加那：请问， 您 每天 早上 都 在 这儿 锻炼
　　　Qǐngwèn, nín měitiān zǎoshang dōu zài zhèr duànliàn

　　　吗？
　　　ma?

C：只要 不 下 大雨 就 来。
　　Zhǐyào bú xià dàyǔ jiù lái.

好惠：从 您 家 到 这儿 远 不 远？
　　　Cóng nín jiā dào zhèr yuǎn bù yuǎn?

C：不 远，我 家 就 在 前门 那边儿， 离
　　Bù yuǎn, wǒ jiā jiù zài Qiánmén nèibianr, lí

　　这儿 很 近。
　　zhèr hěn jìn.

加那：您 来 打 太极拳 干吗 还 带着 杯子？
　　　Nín lái dǎ tàijíquán gànmá hái dàizhe bēizi?

第18課

訳

加那：すみません．毎朝ここで体を鍛えていらっしゃるのですか？
　C：大雨にならなければ来ますよ．
好恵：お宅からここまで遠いのですか？
　C：遠くないですよ．うちは前門のところにあるので，ここから近いです．
加那：太極拳をするのに，どうしてカップを持って来ているのですか？

単語

【锻炼】　duànliàn　体を鍛える．運動する．
【只要～就～】　zhǐyào ～ jiù ～　～でありさえすれば，それで～．
【离】　lí　～から．2点間の隔たりを表す．同じ「～から」でも "从您家到这儿" は，"从～到～"（～から～まで）の形式で "从" を使う．
【打太极拳】　dǎ tàijíquán　太極拳をする．
【干吗】　gànmá　なぜ．どうして．

発音よければ…

アクセントパターン

音節が集まって，あるまとまりの語を作る．そこには音の強弱の型ができる．
これをアクセントパターンと呼ぼう．2音節の単語に限ってこれを見れば，3種類ある．

　　重軽　●○　打算 dǎsuan　　先生 xiānsheng
　　重中　●◎　但是 dànshì　　聪明 cōngmíng
　　中重　◎●　老师 lǎoshī　　再见 zàijiàn

まん中の［重中］型は，上のパターン［重軽］へ変わってゆく傾向がある．

173

C：打完 了 顺便 去 买 早点，这个 茶缸
Dǎwán le shùnbiàn qù mǎi zǎodiǎn, zhèige chágāng

是 打 豆浆 用 的。
shì dǎ dòujiāng yòng de.

好惠：我们 可以 跟 您 一起 照 张 相 吗？
Wǒmen kěyǐ gēn nín yìqǐ zhào zhāng xiàng ma?

C：当然 可以 啦。
Dāngrán kěyǐ la.

加那：请 您 给 我们 留 个 地址 行 吗？
Qǐng nín gěi wǒmen liú ge dìzhǐ xíng ma?

等 相片 洗出来 我们 好 寄给 您。
Děng xiàngpiàn xǐchulai wǒmen hǎo jìgěi nín.

C：那 可 真 不 好意思。这 是 我 家 的
Nà kě zhēn bù hǎoyìsi. Zhè shì wǒ jiā de

住址。
zhùzhǐ.

加那：打搅 您 了。我们 去 故宫、景山 那边
Dǎjiǎo nín le. Wǒmen qù Gùgōng, Jǐngshān nèibiān

转转，再见。
zhuànzhuan, zàijiàn.

C：走好 啊，再见。
Zǒuhǎo a, zàijiàn.

第18課

訳

C：終わったらついでに朝食を買いに行くのですよ．このカップは豆乳を買うのに使うんです．

好恵：一緒に写真を撮ってもいいですか？

C：もちろんいいですとも．

加那：住所を教えていただけますか？　写真が現像できたら送れるように．

C：申し訳ないね．これがうちの住所です．

加那：おじゃましました．私たち，これから故宮や景山のあたりを回ってきます．ではさようなら．

C：気をつけて行ってらっしゃい．さようなら．

単語

【順便】　shùnbiàn　ついでに．

【早点】　zǎodiǎn　朝食．

【茶缸】　chágāng　湯飲み．（ほうろう引きでフタつきのもの）

【打豆浆】　dǎ dòujiāng　豆乳を買う．"打"には「買う」の意味がある．

【洗】　xǐ　現像する．

【好】　hǎo　（後に動詞が続き）～しやすいように．～するのに便利なように．

【打搅】　dǎjiǎo　おじゃまする．人を煩わせる．

【转】　zhuàn　ぐるぐる回る．ぶらつく．

语法手册

一

只要不下大雨就来。
Zhǐyào bú xià dàyǔ jiù lái.
大雨にならなければ来ますよ。

"只要～就～"の構文です。ある条件が満たされればそれでよい、というもので、よく使われます。

只要有耐心就能办成。　Zhǐyào yǒu nàixīn jiù néng bànchéng.
忍耐力がありさえすればできる。

我只要有时间就帮你做。
Wǒ zhǐyào yǒu shíjiān jiù bāng nǐ zuò.
時間がありさえすれば、あなたのためにやってあげます。

只要会讲简单的英语就能应付。
Zhǐyào huì jiǎndān de Yīngyǔ jiù néng yìngfu.
簡単な英語が話せれば対処できます。

これと対比されるのが"只有～才～"です。こちらは唯一絶対の条件を示します。

只有张主任点头才行，别人说不算。
Zhǐyǒu Zhāng zhǔrèn diǎntóu cái xíng, biéren shuō bú suàn.
張主任がOKしなければダメで、ほかの人じゃ頼りない。

只有非常精通技术，才能看得懂。
Zhǐyǒu fēicháng jīngtōng jìshù, cái néng kàndedǒng.
技術に詳しい人だけが読んで理解できる。

二

我家离这儿很近。
Wǒ jiā lí zhèr hěn jìn.
家はここから近いです。

第18課

　　2点間の隔たりを表す"离"です。「～から」と訳されるので、"从"と間違えないよう気をつける必要があります。

　　这儿离商店非常近。　Zhèr lí shāngdiàn fēicháng jìn.
　　ここはお店からとても近い。

　　离比赛结束只有一分钟了。
　　Lí bǐsài jiéshù zhǐ yǒu yì fēnzhōng le.
　　試合終了まであと1分しかない。

"离"フレーズの後に来る述語はすべて"近""差得远""有"など静態的なものです。ところが"从"フレーズは、その後に必ず動態的な語が来て、それで"从"を受けます。

　　从这儿去车站怎么走？　Cóng zhèr qù chēzhàn zěnme zǒu?
　　ここから駅までどう行きますか？

　　你再从头到尾好好儿看一遍。
　　Nǐ zài cóng tóu dào wěi hǎohāor kàn yí biàn.
　　最初から最後までもう1度よく読みなさい。

三　您来打太极拳干吗还带着杯子?
Nín lái dǎ tàijíquán gànmá hái dàizhe bēizi?
太極拳をするのに、なぜカップを持って来ているのですか？

　　"干吗"は、話し言葉で「なぜ、どうして」と原因や目的をたずねるときに使います。

　　你知道干吗不告诉我？　Nǐ zhīdao gànmá bú gàosu wǒ?
　　知っているのに、なぜ私に教えてくれなかったの？

　　你干吗非今天回去不行？　Nǐ gànmá fēi jīntiān huíqu bùxíng?
　　あなた、どうして今日戻らなきゃいけないの？

177

文法 奥の細道

B：観光にきている中国人

CD62 大空：请问, 这 附近 有 卖 胶卷儿 的 吗?
Qǐngwèn, zhè fùjìn yǒu mài jiāojuǎnr de ma?

B：有, 小卖部 就 有 卖 的。
Yǒu, xiǎomàibù jiù yǒu mài de.

松尾：**小卖部 在 哪儿? 这儿 从 小卖部 远 吗?**
Xiǎomàibù zài nǎr? Zhèr cóng xiǎomàibù yuǎn ma?

（添削）

松尾：**小卖部 在 哪儿? 这儿 离 小卖部 远 吗?**
Xiǎomàibù zài nǎr? Zhèr lí xiǎomàibù yuǎn ma?

B：远 倒 不 远, 不过 得 下去。
Yuǎn dào bù yuǎn, búguò děi xiàqu.

松尾：是 要 下到 最底下 去 吗?
Shì yào xiàdào zuìdǐxià qu ma?

B：对, 中途 照相摊儿 上 有时 也 有 卖 的,
Duì, zhōngtú zhàoxiàngtānr shang yǒushí yě yǒu mài de,

你们 可以 问问。
nǐmen kěyǐ wènwen.

大空：算了, 我 下去 买 吧。
Suànle, wǒ xiàqu mǎi ba.

B：是, 好不容易 来 一 趟, 谁 不 想 留 个
Shì, hǎobùróngyì lái yí tàng, shéi bù xiǎng liú ge

纪念。
jìniàn.

松尾：谢谢 您 了。
Xièxie nín le.

第18課

今日の一句
「から」「まで」や"离"は静かに"从"は動　茂

我家离这儿很近。　Wǒ jiā lí zhèr hěn jìn.
家はここから近いです．

　2点間の隔たりを表す"离"です．「〜から」と訳されるので，"从"と間違えないよう気をつける必要があります．

这儿离商店非常近。　Zhèr lí shāngdiàn fēicháng jìn.
ここはお店からとても近い．

"离"フレーズの後に来る述語はすべて"近"，"差得远"，"有"など静態的なものです．ところが"从"フレーズは，その後に必ず動態的な語が来て，それで"从"を受けます．"从〜到〜"でも，"到"dào（至る）は動態的な語です．次は"去"で受けています．

从这儿去车站怎么走？　Cóng zhèr qù chēzhàn zěnme zǒu?
ここから駅までどう行きますか？

訳

大空：すみません．このあたりにフィルムを売っているところはありませんか？
B：ありますよ．売店に売ってます．
松尾：売店はどこにありますか？　ここから遠いですか？

⬇

松尾：売店はどこにありますか？　ここから遠いですか？
B：遠いというわけではないけど，下まで降りなければならないのですよ．
松尾：一番下まで降りなければならないのですか？
B：ええ，でも途中にある露店の写真屋さんで時々売ってますから，聞いてみたらどうですか？
大空：いいや，下まで買いに行きます．
B：そうですね，せっかく来たんだから，記念を残さなくてはね．
松尾：ありがとうございました．

単語

【胶卷儿】jiāojuǎnr　写真のフィルム．
【小卖部】xiǎomàibù　売店．
【倒】dào　譲歩を表す．後に逆説の語が続く．
【最底下】zuìdǐxià　一番下．
【照相摊儿】zhàoxiàngtānr　露店の写真屋．
【算了】suànle　もういい．分かった．話を打ち切るときに使う．
【好不容易】hǎobùróngyì　やっとのことで．
【留纪念】liú jìniàn　記念に残す．

旅の道連れ フレーズ170

観光地へ

市内の地図をいただけますか．
能给我一张市内地图吗？　Néng gěi wǒ yì zhāng shìnèi dìtú ma?

北京動物園にゆきたいのですが．
我想去北京动物园。　Wǒ xiǎng qù Běijīng dòngwùyuán.

日本語のガイドがつきますか．
有日语导游吗？　Yǒu Rìyǔ dǎoyóu ma?

何時に集合ですか．
几点集合？　Jǐ diǎn jíhé?

どこに集合ですか．
在哪儿集合？　Zài nǎr jíhé?

記念品を売っているところはありますか．
有卖纪念品的地方吗？　Yǒu mài jìniànpǐn de dìfang ma?

これはいつの時代のものですか．
这个是什么时代的？　Zhèige shì shénme shídài de?

これは誰の作品ですか．
这是谁的作品？　Zhè shì shéi de zuòpǐn?

何時にバスに戻るのですか．
几点得回到车上？　Jǐ diǎn děi huídao chēshang?

本当にきれい！
真漂亮！　Zhēn piàoliang!

トイレに行きたいのですが．
我想去厕所。　Wǒ xiǎng qù cèsuǒ.

ここは有料ですか．
这儿收费吗？　Zhèr shōufèi ma?

ここで写真をとってもよいですか.
这儿能照相吗？　Zhèr néng zhàoxiàng ma?

私たち一緒に写真をとりましょう.
我们一起照张相吧。　Wǒmen yìqǐ zhào zhāng xiàng ba.

もう一枚お願いします.
请您再给照一张。　Qǐng nín zài gěi zhào yì zhāng.

あなたの写真をとってあげましょう.
我来给你照一张吧。　Wǒ lái gěi nǐ zhào yì zhāng ba.

集合写真を撮りましょう.
我们拍张集体照吧。　Wǒmen pāi zhāng jítǐzhào ba.

ここにインスタント写真を撮ってくれる人はいますか.
这里有拍快照的吗？　Zhèli yǒu pāi kuàizhào de ma?

ゴミはどこに捨てたらいいですか.
垃圾扔哪儿好呢？　Lājī rēng nǎr hǎo ne?

こちらを紹介しているパンフレットはありますか.
有介绍这儿的小册子吗？　Yǒu jièshào zhèr de xiǎocèzi ma?

このカバンを持って入っていいですか.
这个包可以带进去吧？　Zhèige bāo kěyǐ dàijinqu ba?

中に入って見てもいいですか.
可以进里边儿参观吗？　Kěyǐ jìn lǐbianr cānguān ma?

関連語句				
	故宫		喉が渇いた	
	故宫	Gùgōng	口渴了	kǒu kě le
	天坛		フラッシュをたく	
	天坛	Tiāntán	打闪光灯	dǎ shǎnguāngdēng
	值切る		案内図	
	讨价还价	tǎo jià huán jià	示意图	shìyìtú

181

第十九課

別れの宴

松尾部長と大空さん、帰国の前の別れの宴会です．

CD64 刘主任：来， 来， 请 别 客气。
　　　　　Lái, lái, qǐng bié kèqi.

大空：好， 我们 自己 来。
　　　Hǎo, wǒmen zìjǐ lái.

宋科长：二 位 辛苦 了。这 次 我们 合作得
　　　　Èr wèi xīnkǔ le. Zhèi cì wǒmen hézuòde

很 好。来， 为 我们 的 合作 关系
hěn hǎo. Lái, wèi wǒmen de hézuò guānxi

不断 发展， 干杯！
búduàn fāzhǎn, gānbēi!

第19課

訳

劉主任：さあさあどうぞ．遠慮なさらないで．
　大空：どうも．自分たちでやりますから．
宋課長：お２人ともお疲れ様でした．今回私たちの提携は順調に運びました．さあ，私たちの協力関係の変わらぬ発展を願って，乾杯！

単語

【合作】　hézuò　（平等な立場で）協力する．提携する．
【为】　wèi　〜のために．目的を表す語句が続く．
【关系】　guānxi　関係．

発音よければ…

eのバリエーション

eはあいまいな性格の音．だれと相棒を組むかで音色が変わる．３つに分けて覚える．

e1　単独であらわれるか，頭子音と結合する．腰のツボを押され「痛キモチイイ！e」．饿 è　　喝 hē
e2　母音と組むと「ハッキリe」になる．組む母音はすべて前寄りだから，それに引きずられ前寄りになる．谢 xiè
e3　"的" de や "了" le のような軽声では，ぼんやり「ゆるんだe」になる．

-n や -ng と結合した時も同様で，e1「痛キモチイイ！e」だが，-n は前寄りだから，ややはっきり．
　　跟 gēn　什么 shénme
-ng は後寄りだからややこもった音．
　　风 fēng　冷 lěng

松尾：谢谢 你们 在 百忙 中 特意 抽出 时间
Xièxie nǐmen zài bǎimáng zhōng tèyì chōuchu shíjiān
来 为 我们 开 这个 欢送会。 请 允许
lái wèi wǒmen kāi zhèige huānsònghuì. Qǐng yǔnxǔ
我 借 这个 机会， 为 在座 各位 的
wǒ jiè zhèige jīhuì, wèi zàizuò gèwèi de
健康 干杯！
jiànkāng gānbēi!

刘主任：大空 先生， 您 的 中文 真 不错 啊。
Dàkōng xiānsheng, nín de Zhōngwén zhēn búcuò a.

大空：不行， 不行。 不过 这 次 来 出差 我
Bùxíng, bùxíng. Búguò zhèi cì lái chūchāi wǒ
觉得 听力 有了 一点儿 提高， 像 广播
juéde tīnglì yǒule yìdiǎnr tígāo, xiàng guǎngbō
简单 的， 我 也 能 听得懂 了。
jiǎndān de, wǒ yě néng tīngdedǒng le.

宋科长：那 以后 您 可 得 多 来。 松尾 女士，
Nà yǐhòu nín kě děi duō lái. Sōngwěi nǚshì,
这儿 的 菜 合 您 的 口味儿 吗？
zhèr de cài hé nín de kǒuwèir ma?

松尾：谢谢， 我 觉得 非常 好吃。
Xièxie, wǒ juéde fēicháng hǎochī.

刘主任：那 太 好 了。 您 一定 多 吃 点儿 呀。
Nà tài hǎo le. Nín yídìng duō chī diǎnr ya.

第 19 課

> 訳

松尾：お忙しい中特に時間を割いて，私たちのために歓送会を開いていただき，ありがとうございました．この機会をお借りして，ご来席の皆様の健康に乾杯！

劉主任：大空さん，あなたの中国語は実にお上手ですね．

大空：いやいや．でも今度の出張で，少しヒヤリングの力がついたと感じています．例えば放送など，簡単なものなら私でも聞き取れるようになりました．

宋課長：それなら，これからもちょくちょくおいでいただかないと．松尾さん，ここの料理はお口に合いますか？

松尾：ええ，とてもおいしいですよ．

劉主任：それはよかった，たくさん召し上がってください．

> 単語

【特意】　tèyì　わざわざ．特に．
【抽 時間】　chōu shíjiān　時間をとる．時間を作る．
【允許】　yǔnxǔ　許す．許可する．
【出差】　chūchāi　出張する．
【广播】　guǎngbō　ラジオ放送．
【口味儿】　kǒuwèir　味．食べ物の味に対する好み．
　　　　　"合您的口味儿"＝あなたのお口に合う．

语法手册

一

为在座各位的健康干杯！
Wèi zàizuò gèwèi de jiànkāng gānbēi!
ご来席の皆様の健康に乾杯．

「～のために，～を祈って乾杯！」という文型です．よく使われそうなものを覚えておきましょう．

为我们两国之间友好合作关系的不断发展干杯！
Wèi wǒmen liǎngguó zhījiān yǒuhǎo hézuò guānxi de búduàn fāzhǎn gānbēi!
両国間の友好的な共同事業が，不断に発展してゆくことを祈って，乾杯！

为这次大会的成功干杯！
Wèi zhèi cì dàhuì de chénggōng gānbēi!
このたびの大会の成功を祈って，乾杯！

二

我觉得听力有了一点儿提高。
Wǒ juéde tīnglì yǒule yìdiǎnr tígāo.
聞く力は少し進歩したと思います．

「"有"＋"一点儿"＋目的語」という形です．「少し，いささか」という意味の主に好ましくないことに使われる副詞の"有点儿"とは違います．

他的病情有了一点儿好转。
Tā de bìngqíng yǒule yìdiǎnr hǎozhuǎn.
彼の病状はやや好転した．

那件事儿有了一点儿进展，但是进展很慢。
Nèi jiàn shìr yǒule yìdiǎnr jìnzhǎn, dànshì jìnzhǎn hěn màn.
その件はわずかに進展があったものの，その進展はとても遅い．

第 19 課

三 像广播，简单的，我也能听得懂了。
Xiàng guǎngbō, jiǎndān de, wǒ yě néng tīngdedǒng le.
放送など，簡単なものなら私でも聞き取れるようになりました．

可能補語は一般に「客観的な状態」を表します．能力があり，それが安定した恒常的な状態であるというとき，可能補語を使います．他方，一回的な，たまたまの出来事には「動詞＋結果補語」を使います．

小张的日语水平提高得很快，已经完全听得懂老师讲的课了。
Xiǎo-Zhāng de Rìyǔ shuǐpíng tígāode hěn kuài, yǐjing wánquán tīngdedǒng lǎoshī jiǎng de kè le.
張君の日本語は上達が早く，先生の話がもう完全に聞き取れる．

今天老师上课讲的内容，小张全听懂了。
Jīntiān lǎoshī shàngkè jiǎng de nèiróng, Xiǎo-Zhāng quán tīngdǒng le.
今日先生が授業で話されたことは，張君はすっかり聞き取れた．

否定形の"听不懂"と"没听懂"の違いも，基本的には同じような違いです．"听不懂"の方は「客観的な状態」です．すぐには変更不可能です．"没听懂"の方は，たまたま聞き取れなかったという一時的な出来事です．もう1度話してもらえば聞き取れるかもしれません．ところが，"听不懂"の方は何度やっても同じ結果でしょう．なぜなら「すぐには動かしようがない客観的な状態」だからです．

我现在还听不懂英语的广播。
Wǒ xiànzài hái tīngbudǒng Yīngyǔ de guǎngbō.
私は今でも英語の放送は聞き取れません．

除了最后那段话没听懂以外，他的报告我听懂了。
Chúle zuìhòu nèi duàn huà méi tīngdǒng yǐwài, tā de bàogào wǒ tīngdǒng le.
最後の段落のところが聞き取れなかったほかは，彼の報告，私は聞き取れました．

不戴花镜，这么小的字我看不清。
Bú dài huājìng, zhème xiǎo de zì wǒ kànbuqīng.
老眼鏡をかけないと，こんな細かい字は見えないよ．

一晃就过去了，我没看清。
Yì huǎng jiù guòqu le, wǒ méi kànqīng.
ちらっとだけだったんで，はっきり見えませんでした．

文法 奥の細道

加那：时间 过得 真 快，今天 都 二十一 号 了。
　　　Shíjiān guòde zhēn kuài, jīntiān dōu èrshiyī hào le.

张平：你们 的 汉语 进步得 也 很 快 嘛。
　　　Nǐmen de Hànyǔ jìnbùde yě hěn kuài ma.

好惠：哪儿 啊，今天 早上 的 新闻 就 听不懂 了。
　　　Nǎr a, jīntiān zǎoshang de xīnwén jiù tīngbudǒng le.

【添削】

好惠：哪儿 啊，今天 早上 的 新闻 就 没 听懂。
　　　Nǎr a, jīntiān zǎoshang de xīnwén jiù méi tīngdǒng.

张妹：没 关系，像 你们 这么 用功，一定 能
　　　Méi guānxi, xiàng nǐmen zhème yònggōng, yídìng néng
　　　学好。
　　　xuéhǎo.

加那：可是 一 回到 日本，就 没有 这么 好 的
　　　Kěshì yì huídào Rìběn, jiù méiyou zhème hǎo de
　　　条件 了。
　　　tiáojiàn le.

张平：这 不 是 有 现成 的 "老师" 吗？
　　　Zhè bú shì yǒu xiànchéng de "lǎoshī" ma?

好惠：噢，对 啊，我们 怎么 就 没 想到 呢。
　　　O, duì a, wǒmen zěnme jiù méi xiǎngdào ne.

加那：快 吃 吧，菜 都 凉 了。
　　　Kuài chī ba, cài dōu liáng le.

第19課

今日の一句

たまたまは"听不懂"より"没听懂"〔茂〕

像广播，简单的，我也能听得懂了。
Xiàng guǎngbō, jiǎndān de, wǒ yě néng tīngdedǒng le.
放送など，簡単なものなら私でも聞き取れるようになりました．

可能補語は一般に「客観的な状態」を表します．安定した恒常的な状態にあるというとき，可能補語を使います．他方，一回的な，たまたまの出来事には「動詞+結果補語」を使います．

否定型の"听不懂"と"没听懂"の違いも，基本的には同じです．"听不懂"の方は「客観的な状態」で，すぐには変更不可能です．"没听懂"の方は，たまたま聞き取れなかったという一時的な出来事です．もう1度話してもらえば聞き取れるかもしれません．

我现在还听不懂英语的广播。 Wǒ xiànzài hái tīngbudǒng Yīngyǔ de guǎngbō.
私は今でも英語の放送は聞き取れません．
除了最后那段话没听懂以外，他的报告我听懂了。
Chúle zuìhòu nèi duàn huà méi tīngdǒng yǐwài, tā de bàogào wǒ tīngdǒng le.
最後の段落が聞き取れなかったほかは，彼の報告，私は聞き取れました．
「今朝のラジオのニュースが聞き取れなかった」というのはたまたまの出来事ですから"没听懂"を使うわけです．

訳

加那：時がたつのって本当に早いのね．今日はもう21日よ．
張平：君たちの中国語もずいぶん進歩が早かったじゃないか．
好恵：そんなことないわ．今朝のニュースも聞き取れなかったもの．

↓

好恵：そんなことないわ，今朝のニュースも聞き取れなかったもの．
妹：大丈夫．あなたたちのように努力すれば，きっとマスターできるわ．
加那：でもいったん日本に帰ってしまえば，こんなに良い環境ではなくなるし．
張平：ここにほら，おあつらえ向きの「先生」がいるじゃない？
好恵：あ，そうね．どうして考えつかなかったのかしら．
加那：早く食べましょう．料理が冷めてしまうわよ．

単語

【都】dōu　すでに．もう．
【哪儿啊】nǎr a　そんなことはない．相手の発言に同意できないときに言う．
【新闻】xīnwén　ニュース．
【像】xiàng　～に似ている．～のように．
【用功】yònggōng　熱心に勉強する．
【条件】tiáojiàn　条件．但し日本語の「条件」より広い意味で用いられる．
【不是～吗】búshì ～ ma　～ではないのですか．反語を表す．
【现成】xiànchéng　今ある．できあいの．既成の．

第二十課

チェックアウトする

チェックアウトまえに，料金の精算です．

CD67 松尾：我们 明天 要 退 房， 今天 能 不 能
Wǒmen míngtiān yào tuì fáng, jīntiān néng bù néng

先 告诉 我们 一下 大概 需要 多少
xiān gàosu wǒmen yíxià dàgài xūyào duōshao

钱？
qián?

服务员：可以 啊， 请 等一等。 二 位 是 一起
Kěyǐ a, qǐng děngyiděng. Èr wèi shì yìqǐ

付， 还是 分着 付？
fù, háishi fēnzhe fù?

大空：分着 付。 可以 把 商务 中心 的 账
Fēnzhe fù. Kěyǐ bǎ shāngwù zhōngxīn de zhàng

也 转到 这边儿 来 吗？
yě zhuǎndào zhèbianr lái ma?

第20課

訳

松尾：私たち明日チェックアウトしますので，大体いくらか，今日のうちに教えていただけませんか？

係員：かしこまりました．少々お待ちください．お２人はご一緒にお支払いになりますか？　それとも別々にお支払いになりますか？

大空：別々に払います．ビジネスセンターの勘定も，こちらに回してくれませんか？

単語

【退房】　tuì fáng　チェックアウトする．
【需要】　xūyào　必要とする．
【付】　fù　支払う．
【商务中心】　shāngwù zhōngxīn　ビジネスセンター．
【账】　zhàng　勘定．借り．
【转】　zhuǎn　（方向等を）変える．移す．（文書を）回す．転送する．

発音よければ…

軽声の働き…"多少" duōshao〔いくつ〕と"多少" duōshǎo〔多少〕

| 东西〔品物〕 | 过去〔過ぎる〕 | 兄弟〔弟〕 |
| dōngxi | guòqu | xiōngdi |

| 东西〔東西〕 | 过去〔過去〕 | 兄弟〔兄と弟，兄弟〕 |
| dōngxī | guòqù | xiōngdì |

服务员：在 这边儿 结 也 可以。
Zài zhèbianr jié yě kěyǐ.

大空：那 就 麻烦 您，都 在 这儿 结 吧。
Nà jiù máfan nín, dōu zài zhèr jié ba.

服务员：松尾 女士，大空 先生，请 过目。
Sōngwěi nǚshì, Dàkōng xiānsheng, qǐng guòmù.

松尾：我 这 是 六千 八百 一十七 块，明天
Wǒ zhè shì liùqiān bābǎi yīshíqī kuài, míngtiān

按 这个 数目 结账 就 行 吗？
àn zhèige shùmù jiézhàng jiù xíng ma?

服务员：差不多，不过 今天 晚上 要是 打 国际
Chàbuduō, búguò jīntiān wǎnshang yàoshi dǎ guójì

电话 什么 的，还 得 重新 算。
diànhuà shénme de, hái děi chóngxīn suàn.

松尾：结账 时，可以 用 信用卡 吗？
Jiézhàng shí, kěyǐ yòng xìnyòngkǎ ma?

服务员：可以，你们 还 有 什么 问题 请 尽管
Kěyǐ, nǐmen hái yǒu shénme wèntí qǐng jǐnguǎn

问。
wèn.

第20課

訳

係員：こちらでお支払いになっても結構です．
大空：ではお手数ですが，一緒に計算してください．
係員：松尾様，大空様，ご確認ください．
松尾：私のは6817元ですね．明日この金額で精算すればいいのですね？
係員：大体そういうことです．ただ今夜国際電話をかけたりなどなさいますと，改めて計算することになります．
松尾：支払いのとき，クレジットカードは使えますか？
係員：お使いになれます．何かご質問がありましたら遠慮なくお尋ねください．

単語

【结】　jié　"结账"の"结"のこと．（勘定を）払う
【过目】　guòmù　目を通す．（書類などを）確認する．
【结账】　jiézhàng　勘定を締める．決算する．
【重新】　chóngxīn　新たに．改めて．
【算】　suàn　計算する．
【尽管】　jǐnguǎn　構わずに．遠慮なく．

语法手册

一

我这是六千八百一十七块。
Wǒ zhè shì liùqiān bābǎi yīshíqī kuài.
私のは6817元ですね．

　　日本語と中国語の数の表し方は，大体共通です．しかし，次のような4つの大きな相違点があります．

- 中国語では"一"が要る．100＝"一百"yìbǎi
- 中国語では"零"が要る．101＝"一百零一"yìbǎi líng yī
- 中国語では2を表すのに，"二"èrと"两"liǎngの2通りの言い方がある．
- 3桁以上の数で最後が0で終われば，位数省略がおこる．110＝"一百一"yìbǎi yī

　　このほか，3桁以上の数で，もし十の位が"一"の時は，特別な注意が必要です．"一"を省けないのはもちろん，声調もyīと第1声のままです．

　　1113＝"一千一百一十三"yìqiān yìbǎi yīshísān

　　単独で10という場合も，"一"が加えられることがあり，やはりyīです．

　　2×5＝10（にごじゅう）→ "二五一十"èr wǔ yīshí

二

要是打国际电话什么的，还得重新算。
Yàoshi dǎ guójì diànhuà shénme de, hái děi chóngxīn suàn.
国際電話をかけたりなどなさいますと，改めて計算することになります．

　　いくつかの並列成分の後に"什么的"をつけて，「～など」と列挙するときに使います．話し言葉でよく用い，"等等"děngděng に相当します．

第20課

跑步、游泳、太极拳什么的都对身体好。
Pǎobù、yóuyǒng、tàijíquán shénme de dōu duì shēntǐ hǎo.
ジョギング，水泳，太極拳などは，いずれも健康によい．

本課の例のように，"什么的"の前の成分が1つだけの場合もあります．

我爱人在家做饭什么的，都愿意干。
Wǒ àiren zài jiā zuòfàn shénme de, dōu yuànyi gàn.
私の主人は，家でご飯の用意など何でもやる．

三 你们还有什么问题请尽管问。
Nǐmen hái yǒu shénme wèntí qǐng jǐnguǎn wèn.
何かご質問がありましたら，どうぞご遠慮なくお尋ねください．

「何もはばかることなく，遠慮なく自由に」というのが"尽管"です．副詞ですから動詞の前に置きます．

有什么要求尽管提，别客气。
Yǒu shénme yāoqiú jǐnguǎn tí, bié kèqi.
何かご要望がございましたらおっしゃってください．ご遠慮なく．

有事就尽管先去办，晚来一会儿不要紧。
Yǒu shì jiù jǐnguǎn xiān qù bàn, wǎn lái yíhuìr bú yàojǐn.
用事があればどうぞ先にそちらを済ませてください．こちらは少し遅くなって来られても大丈夫ですから．

次は譲歩「～ではあるけれど」を表すもの．この場合は接続詞ですから，主語の前に置けます．

尽管你不爱听，该说的我还是得说。
Jǐnguǎn nǐ bú ài tīng, gāi shuō de wǒ háishi děi shuō.
あなたは聞きたくないだろうが，言うべきことはやはり私は言わなくてはならない．

195

文法 奥の細道

好惠：先生，我们要退房，请给我们结账。
Xiānsheng, wǒmen yào tuì fáng, qǐng gěi wǒmen jiézhàng.

服务员：503号 太田 女士 和 山村 女士，
Wǔ líng sān hào Tàitián nǚshì hé Shāncūn nǚshì,

这 是 你们 的 账单。
zhè shì nǐmen de zhàngdān.

加那：请问，这 项 三百 十五 块 的 电话费 是 哪
Qǐngwèn, zhè xiàng sānbǎi shíwǔ kuài de diànhuàfèi shì něi

天 打 的?
tiān dǎ de?

加那：请问，这 项 三百 一十五 块 的 电话费 是
Qǐngwèn, zhè xiàng sānbǎi yīshíwǔ kuài de diànhuàfèi shì

哪 天 打 的?
něi tiān dǎ de?

服务员：五月 十八 号，是 打到 日本 的 国际
Wǔyuè shíbā hào, shì dǎdào Rìběn de guójì

电话。
diànhuà.

好惠：这个 电话费 已经 付 了, 这 是 收据。
Zhèige diànhuàfèi yǐjing fù le, zhè shì shōujù.

服务员：噢，收过 了, 我 核对 一下。对不起,
O, shōuguo le, wǒ héduì yíxià. Duìbuqǐ,

改过来 了。
gǎiguolai le.

加那：我们 付 日元 可以 吗?
Wǒmen fù rìyuán kěyǐ ma?

服务员：可以 啊, 请 等 一下。
Kěyǐ a, qǐng děng yíxià.

第 20 課

今日の一句

数中の一を忘るな 一一五 〈茂〉

我这是六千八百一十七块。
Wǒ zhè shì liùqiān bābǎi yīshíqī kuài.
私のは 6817 元ですね。

3桁以上の数で，もし十の位が"一"のときは，特別な注意が必要です。"一"を省けないのはもちろん，声調も yī と第1声のままです。

1113 ＝ "一千一百一十三" yìqiān yìbǎi yīshísān

訳

好恵：チェックアウトしますので，精算をお願いします。
係員：503 号室の太田様と山村様ですね。こちらが請求書です。
加那：すみません。この 315 元の電話代はいつかけたものでしょうか？

↓

加那：すみません。この 315 元の電話代はいつかけたものでしょうか？
係員：5 月 18 日に日本におかけになった国際電話です。
好恵：この電話代はもう支払っています。これが領収書です。
係員：ああ，お支払いになっていますね。確認してみます。申し訳ありません。直しました。
加那：日本円で支払ってもよろしいですか？
係員：結構です。少々お待ちください。

単語

【账单】zhàngdān　勘定書。
【项】xiàng　条例や書類等，「項目」に分けられる事物に用いる量詞。金銭に対しても用いる。
【收据】shōujù　受取書。領収書。
【核对】héduì　突き合わせて確認する。照合する。
【改过来】gǎiguolai　改める。直す。
【日元】rìyuán　日本円。

第二十一課

旅の終わり

山村さん，太田さん，張平兄妹ともお別れです．

加那：这 是 我们 俩 给 你 的 一 件 小
　　　Zhè shì wǒmen liǎ gěi nǐ de yí jiàn xiǎo

　　　礼物， 请 收下 吧。
　　　lǐwù, qǐng shōuxia ba.

妹妹：可以 打开 看看 吗？ 啊， 这 是 我 最
　　　Kěyǐ dǎkāi kànkan ma? A, zhè shì wǒ zuì

　　　想 要 的 CD 了。 我 哥哥 这 次 没
　　　xiǎng yào de CD le. Wǒ gēge zhèi cì méi

　　　给 我 买。
　　　gěi wǒ mǎi.

好惠：你 哥哥 这 次 回 家 探亲， 为 我们
　　　Nǐ gēge zhèi cì huí jiā tànqīn, wèi wǒmen

　　　花费了 很 多 时间， 真 对不起。
　　　huāfèile hěn duō shíjiān, zhēn duìbuqǐ.

第21課

訳

加那：これは私たちからのささやかなプレゼントです．どうぞ．
妹：開けて見てもいい？ あ，これ一番欲しかったCDなの．兄さんは今回買ってくれなかったの．
好恵：お兄さんは今回帰省で戻って来たのに，私たちのためにずいぶん時間を使わせてしまって，本当に申し訳ないわ．

単語

【礼物】　lǐwù　贈り物，プレゼント．
【收下】　shōuxia　受け取る．
【打开】　dǎkāi　開ける．
【探亲】　tànqīn　遠く離れている肉親（親や配偶者）を訪ねる．
【花费】　huāfèi　（お金や時間などを）費やす．使う．

発音よければ…

軽声：軽ク短ク読ム．直前ノ音節ヲキチント発音スル

哥哥　gēge

麻烦　máfan

我们　wǒmen

谢谢　xièxie

妹妹：彼此 彼此 嘛。他 在 日本 也 会 给
Bǐcǐ bǐcǐ ma. Tā zài Rìběn yě huì gěi

你们 添 麻烦 的。
nǐmen tiān máfan de.

加那：要是 有 机会 你 也 来 日本 玩儿 啊。
Yàoshi yǒu jīhuì nǐ yě lái Rìběn wánr a.

妹妹：好，到 时候 少不了 要 麻烦 你们 了。
Hǎo, dào shíhou shǎobuliǎo yào máfan nǐmen le.

好惠：没 问题，我们 俩 包下来 啦，你 放心
Méi wèntí, wǒmen liǎ bāoxialai la, nǐ fàngxīn

好 了。
hǎo le.

加那：那 就 再见 了，问 你 父母 好 啊！
Nà jiù zàijiàn le, wèn nǐ fùmǔ hǎo a!

妹妹：谢谢，祝 你们 一路 平安，再见。
Xièxie, zhù nǐmen yílù píng'ān, zàijiàn.

好惠、加那：东京 见。
Dōngjīng jiàn.

第 21 課

訳

妹：お互い様よ．あの人は日本ではあなたたちに面倒をかけるでしょうから．
加那：もし機会があったら，あなたも日本に遊びに来てね．
妹：ええ，そのときにはきっとお世話になると思います．
好恵：大丈夫，私たち2人が引き受けたから，安心して．
加那：それじゃさようなら．ご両親にもよろしくね．
妹：ありがとう．旅の無事を祈ってます．さようなら．
好恵，加那：東京でまた会いましょう．

単語

【彼此彼此】　bǐcǐ bǐcǐ　お互い様である．
【添麻煩】　tiān máfan　面倒をかける．
【少不了】　shǎobuliǎo　どうしても欠かせない．
【包下来】　bāoxialai　引き受ける．

语法手册

一

到时候少不了要麻烦你们了。
Dào shíhou shǎobuliǎo yào máfan nǐmen le.
その時にはきっとお世話になると思います．

"到时候"は「そのときになったら」，未来のある時点を表します．"少不了"は「どうしても欠かせない→どうしても必要だ」．全体直訳すれば「そのときになったら，あなたたちに面倒をかけることがどうしても必要だ」の意．

这种事情什么时候都少不了他。
Zhèi zhǒng shìqing shénme shíhou dōu shǎobuliǎo tā.
この手のことは，いつでも彼が必要だ．

北京的春天少不了刮大风。
Běijīng de chūntiān shǎobuliǎo guā dàfēng.
北京の春には大風がつき物だ．

二

没问题，我们俩包下来啦，你放心好了。
Méi wèntí, wǒmen liǎ bāoxialai la, nǐ fàngxīn hǎo le.
大丈夫．私たち2人が引き受けたから，安心して．

"没问题"は「問題がない」，つまり「目標の達成に何も障害がない」ことを言い，相手を安心させる言葉です．

他能同意吗？　Tā néng tóngyì ma?
彼は同意するだろうか．
——没问题，我已经跟他打好招呼了。
Méi wèntí, wǒ yǐjing gēn tā dǎhǎo zhāohu le.
大丈夫．僕が彼に根回ししておいたから．

第21課

都五点了，能准时到吗？　　Dōu wǔ diǎn le, néng zhǔnshí dào ma?
もう5時だ．時間に間に合うだろうか？
——没问题，到前边路口往左拐就是。
Méi wèntí, dào qiánbian lùkǒu wǎng zuǒ guǎi jiù shì.
大丈夫．あの角を左に曲がれば，もうそこだから．

これと似たものに"没事儿"méi shìr や"没关系"méi guānxi があります．"没事儿"は出来事それ自体が大したことはないということです．

碰伤了没有？　　Pèngshāng le méiyou?　けがしなかった？
——没事儿,只擦破了一点儿皮。　Méi shìr, zhǐ cāpòle yìdiǎnr pí.
何でもありません．ちょっと擦りむいただけです．

"没关系"は「そのことが重大な意味・関係を持たない」，そこから「大したことはない,大丈夫,どういたしまして」の意味になります．

对不起，我来晚了。你等急了吧。
Duìbuqǐ, wǒ láiwǎn le, nǐ děngjí le ba.
すみません．遅れてしまって．いらいらしたでしょう．
——没关系，咱们走吧。　　Méi guānxi, zánmen zǒu ba.
何でもありませんよ，さあ行きましょう．

三

祝你们一路平安。
Zhù nǐmen yílù píng'ān.
旅のご無事を祈ります．

"祝你（们）～"の形で，「～であることを祈ります」と相手に祝福を述べる言い方です．多くはこれから先のことについて言います．

祝你们俩幸福。　　Zhù nǐmen liǎ xìngfú.
お2人の幸せを祈ります．

祝你考上研究生。　　Zhù nǐ kǎoshàng yánjiūshēng.
大学院に合格されるよう祈ります．

祝你万事如意。　Zhù nǐ wànshì rúyì.　万事順調に行きますように．

文法 奥の細道

CD72 松尾：这 次 给 你们 添了 许多 麻烦, 太 谢谢
Zhèi cì gěi nǐmen tiānle xǔduō máfan, tài xièxie

你们 了。
nǐmen le.

宋科长：哪儿 的 话 啊, 我们 照顾得 很 不 周到。
Nǎr de huà a, wǒmen zhàogude hěn bù zhōudào.

松尾：大空, 在 东京 可 全 看 你 的 了。
Dàkōng, zài Dōngjīng kě quán kàn nǐ de le.

大空：**没 关系, 包在 我 身上 了。**
Méi guānxi, bāozài wǒ shēnshang le.

大空：**没 问题, 包在 我 身上 了。**
Méi wèntí, bāozài wǒ shēnshang le.

宋科长：大空 先生, 这 盘儿 相声 磁带, 您 带回去
Dàkōng xiānsheng, zhèi pánr xiàngsheng cídài, nín dàihuiqu

听听。
tīngting.

松尾：谢谢 您 送给 我 的 汉语书。但愿 下 次
Xièxie nín sònggěi wǒ de Hànyǔshū. Dànyuàn xià cì

见到 您 时, 我 的 汉语 能 有 点儿 进步。
jiàndào nín shí, wǒ de Hànyǔ néng yǒu diǎnr jìnbù.

宋科长：那 一定。下 个 月 咱们 东京 见。
Nà yídìng. Xià ge yuè zánmen Dōngjīng jiàn.

松尾：再见。
Zàijiàn.

第 21 課

今日の一句

大丈夫まかせなさいよ "没问题"

没问题，我们俩包下来啦，你放心好了。
Méi wèntí, wǒmen liǎ bāoxialai la, nǐ fàngxīn hǎo le.
大丈夫．私たち2人が引き受けたから，安心して．

"没问题"は「問題がない」，つまり「目標の達成に何も障害がない」ことをいい，相手を安心させる言葉です．

他能同意吗？　Tā néng tóngyì ma?
彼は同意するだろうか？
——没问题，我已经跟他打好招呼了．
Méi wèntí, wǒ yǐjing gēn tā dǎhǎo zhāohu le.
大丈夫．僕が彼に根回ししておいたから．

"打招呼" dǎ zhāohu は「あいさつをする，声をかける」という意味です．

訳

松尾：今回はいろいろご面倒をおかけしました．ありがとうございました．
宋課長：いやいや，お世話が行き届きませんで．
松尾：大空君．東京ではすべてあなたに任せるわよ．
大空：大丈夫です．私にお任せください．

↓

大空：大丈夫です．私にお任せください．
宋課長：大空さん．この漫才のテープ，お持ちになってお聞きください．
松尾：中国語の本をいただき，ありがとうございます．次にお会いするときに，私の中国語が進歩していればいいのですが．
宋課長：そうなりますよ．では来月東京でお会いしましょう．
松尾：さようなら．

単語

【哪儿的话】nǎr de huà　どういたしまして．
【照顾】zhàogu　面倒をみる，世話をする．
【很不周到】hěn bù zhōudào　大変行き届かない点がある．
【相声】xiàngsheng　中国式の漫才．
【磁带】cídài　テープ．
【但愿】dànyuàn　ただ〜であることを願う．

字あまり

"东京见。"
Dōngjīng jiàn.
東京で会いましょう

「さようなら」は中国語で"再见"zàijiàn ですが，この言葉，もともとは「再び会う」という意味．"再"zài のところに場所を表す語を入れることができます．

　　东京见。　Dōngjīng jiàn.（東京でまた）
　　学校见。　Xuéxiào jiàn.（学校でまた）
また，時を表す語を入れることもできます．
　　明天见。　Míngtiān jiàn.（明日また）
　　回头见。　Huítóu jiàn.（あとでまた）
両方言いたいときは，時間＋場所の順になり，逆にはなりません．
　　明天东京见。　Míngtiān Dōngjīng jiàn.（明日東京で）

日本語の「さようなら」と似ているところもあります．例えば，自分の家の人には「さようなら」とか「こんにちは」なんて言いませんが，"你好"nǐ hǎo や"再见"zàijiàn も同じです．こういうあいさつ言葉は，本当に親しい人には使わないものです．でも"拜拜"báibái（バイバイ）なら家の人にも言うそうです．"拜拜"はカラリとした外来語．こういうときは使いやすいのですね．

ところが，お葬式などで日本語の「さようなら」は使えますが，"再见"は使えません．死者への別れの言葉は，中国語でなら"永别了"yǒngbié le となります．

親しい友達とか同僚とかと，私たちは日々何と言って別れているのでしょう．どうも「さようなら」なんて言わないようです．「じゃ」とか「お疲れ様」「また」「気をつけて」などで済ませています．皆さんも実際の別れの場面，ちょっと観察してみてください．

ところが，私たちは中国の人に対しては，相も変わらず"再见"一本槍じゃないでしょうか．これではいつまでもお客様扱いしているようなもの．ひとつ"走啊！" Zǒu a!，"我走了。" Wǒ zǒu le. などを試してみてはいかがでしょう．いずれも「じゃ！」ぐらいの感覚です．

外来語

　漢字ばかりで表記される中国語にも，外来語はあります．特に近年の改革開放政策の浸透で，外国からたくさんのモノや言葉が入ってきました．
　"艾滋病" àizībìng（エイズ）や"硬件" yìngjiàn（ハードウェア），"软件" ruǎnjiàn（ソフトウェア）はもうご存じでしょうが，"氧吧" yǎngbā（酸素バー）や"条形码" tiáoxíngmǎ（バーコード）となると知らないという方が多いのではないでしょうか．かく言う私も初めて接した言葉です．
　日本語との比較で面白いのは，
　ブルーカラーは"蓝领" lánlǐng といい，ホワイトカラーは"白领" báilǐng といいますが，さらに"粉领" fěnlǐng（ピンクカラー，高学歴のOL）とか，"灰领" huīlǐng（グレイカラー，高い技能をもった技術者）とか，"金领" jīnlǐng（ゴールドカラー，エグゼクティブ）とか，どんどん連想が働き中国独自の新語が生まれていることです．最近は"钢领" gānglǐng（スチールカラー，産業用ロボット）という語まで出てきました．
　"卡" kǎ はもちろん CARD の音訳ですが，単独では使いません．「カード」と言うときは"卡片" kǎpiàn と言います．また，昔からあった"资料卡" zīliàokǎ（資料カード）や"新年卡" xīnniánkǎ（年賀カード）のほかに，中国でも最近はいろいろなカードが現れています．
　　圣诞卡 shèngdànkǎ クリスマスカード　电话卡 diànhuàkǎ テレホンカード
　　信用卡 xìnyòngkǎ クレジットカード　银行卡 yínhángkǎ 銀行カード
　あまりに急激に普及したためでしょうか，いろいろ違った名前が乱立するケースもあります．例えば携帯電話．これは"移动电话" yídòng diànhuà，"携带电话" xiédài diànhuà，"大哥大" dàgēdà，"天地通" tiāndìtōng など，まさに百花繚乱の様相を呈しています．これも今は"手机" shǒujī に落着いたようです．
　またアルファベットがそのまま使われている外来語も，ちらほら見られるようになりました．"卡拉OK" kǎlāOK（カラオケ）や"T恤" Txù（Tシャツ），"AA制" AAzhì（ワリカン）などです．中国語は漢字だけで表記されている，なんて言えなくなる日がくるかもしれませんね．

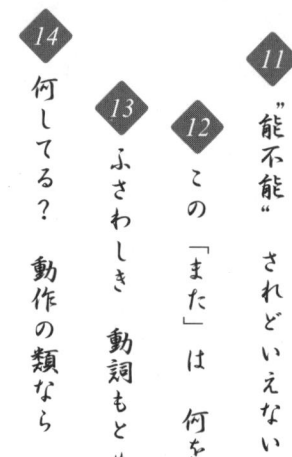

11	"能不能" されどいえない "得不得"	助動詞の否定	112
12	この「また」は 何を使わん "还、又、再"	「また」を表す3語	121
13	ふさわしき 動詞もとめて 夏近し	組合せ動詞連語	131
14	何してる？ 動作の類なら "在VP"	進行を表す"在"	138
15	"来"あらば プラスマイナス 一、二割	概数を表す"来"	146
16	たくさんの 本というなら "很多书"	形容詞"多"の使い方	158
17	場所名詞 前に置くべし "来、去"の	方向補語と目的語の位置	167
18	「から」や "离"は静かに "从"は動	介詞"离"と"从"の用法	177
19	たまたまは "听不懂"より "没听懂"	2つの否定形	187
20	数中の 一を忘るな 一一五	数の表し方	194
21	大丈夫 まかせなさいよ "没问题"	"没问题"の使い方	202

208

● 今日の一句　一覧 ●

1　どのぐらい？　数と量なら　後におけ　……………数量補語の位置　18

2　補語の"得"の　前は動詞ぞ　春うらら　……………様態補語　26

3　"把"構文　動詞ひとつじゃ　もの足りぬ　……………"把"構文の条件　35

4　電話する　人には"給"を　場所には"往"　……………介詞"給"と"往"の用法　47

5　モノ名詞　場所にするなら　"里"か"上"を　……………名詞の場所化　55

6　気をつけよう　動目構造　後ろに０　……………動目構造の動詞　64

7　朝夕は　午前午後より　"早、晩上"　……………時刻の言い方　73

8　形容詞　昨日のことでも　"了"は要らぬ　……………形容詞の時制　80

9　介詞句や　否定はどこに　入るやら　……………介詞フレーズを含む文の否定　92

10　補語つきの　動詞の否定は　"没"か"不"で　……………結果補語と可能補語の否定　101

209

文法索引

日本語索引

【ア行】
婉曲表現	92
「おくる」のいろいろ	147

【カ行】
介詞フレーズを含む文の否定	92
数の表し方　日中5つの違い	194
動詞と目的語の組合せ連語	131
形容詞の過去形	80
結果補語と可能補語の否定	101
呼応文型「Aであるばかりか、その上Bでもある」	46

【サ行】
使役文	54
時刻の言い方	72
助動詞の否定	112
数量補語の位置	18
選択疑問文	26

【タ行】
注文動詞 "来"	100
伝聞「聞くところによると～なそうだ」	34
［動詞＋目的語］構造の動詞	64

【ハ行】
反語文	55
複合方向補語	120
不定を表す疑問詞「いつか／どこか／だれか」	73
方向補語と目的語の位置	167

【マ行】
名詞の場所化	55

【ラ行】
連動文　主語を同じくする動詞の並べ方	138

【ヤ行】
様態補語	26

中国語索引

B
把	bǎ	35
保证	bǎozhèng	147
不但～而且	búdàn～érqiě	46
不了	buliǎo	101
不怎么～	bù zěnme～	92
不是～吗？	bú shì～ma?	55

C
除了	chúle	113
从	cóng	177

D
到时候	dào shíhou	202
打算	dǎsuan	64
得	de	26
得	děi	34
等	děng	159
多	duō	139, 158

G
干吗	gànmá	177
给	gěi	47

管保 guǎnbǎo	46	
光 guāng	146	

J

尽管 jǐnguǎn	195
就 jiù	72
就～了 jiù～le	81
就是 jiù shì	130

L

来 lái	100, 146
离 lí	177
里 li	55

M

没关系 méi guānxi	203
没事儿 méi shìr	203
没听懂 méi tīngdǒng	187
没问题 méi wèntí	202

N

难怪 nánguài	27

P

派 pài	54

S

上 shang	55
少 shǎo	139, 158

少不了 shǎobuliǎo	202
什么的 shénmede	194
是…的 shì…de	18

T

听不懂 tīngbudǒng	187
听说 tīngshuō	34
太～了 tài～le	19

W

往 wǎng	47
为～干杯 wèi～gānbēi	186

Y

要 yào	100
一～就～ yī～jiù～	167
一点儿 yìdiǎnr	186
由 yóu	159
有 yǒu	186
有点儿 yǒudiǎnr	112

Z

再 zài	80, 121
在 zài	138
怎么 zěnme	166
照 zhào	65
只要～就～ zhǐyào～jiù～	176
祝你(们)～ zhù nǐ (men)～	203

著者紹介

相原　茂（あいはら　しげる）
東京教育大学修士課程修了．80-82年，北京にて研修．
中国語学，中国語教育専攻．明治大学助教授，お茶の水女子大学教授等を経て，現在中国語教育の第一人者として著述やマスメディアで活躍中．NHKのラジオ，テレビでも長年中国語講座を担当．おもな著書に

『中国語の学び方』(東方書店)
『はじめての中国語』『謎解き中国語文法』(共に講談社現代新書)
『Whyにこたえる　中国語の文法書』(共著，同学社)
『雨がホワホワ』『北京のスターバックスで怒られた話』(共に現代書館)
『ときめきの上海』『発音の基礎から学ぶ中国語』(共に朝日出版社)
『必ず話せる　中国語入門』『最強中国語フレーズ100』(共に主婦の友社)

など多数．編著に

『講談社　中日辞典〈第二版〉』(講談社)
『講談社　日中辞典』(講談社)
『東方中国語辞典』(共編，東方書店)
『はじめての中国語学習辞典』(朝日出版社) などがある．

著者ホームページ：http://maoroom.jp/

CD吹込

陳浩，梁月軍，王玲玲

俳句で覚える　中国語　奥の細道（CD付）

2007年3月30日　初版　第1刷発行

著　者　©相原　茂
発行者　井田洋二
発行所　株式会社駿河台出版社
　　　　〒101-0062　東京都千代田区神田駿河台3-7
　　　　TEL：03-3291-1676　FAX：03-3291-1675
　　　　振替00190-3-56669番
　　　　E-mail：edit@e-surugadai.com
　　　　URL：http://www.e-surugadai.com

製　版　㈱フォレスト
印　刷　三友印刷株式会社
装丁／本文デザイン　トミタ制作室
イラスト　富田淳子

ISBN978-4-411-03027-6 C1087

万一，乱丁・落丁の場合はお取り替えいたします．